U0016377

YOUR FAMILY REVEALED

A Guide to Decoding the Patterns, Stories, and Belief Systems in Your Family

重整家的愛與傷

以家庭系統理論重新覺察，活出有選擇的人生

Elaine Carney Gibson

伊蓮・卡尼・吉布森——著

游淑峰——譯

謹將此書獻給我的祖輩，尤其是我的母親和父親、

祖母與祖父、

海倫姑姑與湯姆叔叔、

我的手足和堂表兄弟姊妹、

我的三個兒子，

以及每天給我靈感的孫子女——史塞爾、史賓賽、史黛拉和海蒂

你們永遠在我的心和我的靈之中

目次 CONTENTS

各界讚譽

「『家』是我們第一個學習與其他人相處、認識界線的場域。許多人在家裡獲得愛，理解了與不同人相處的方式；但也有人在家裡，因爲結構、因爲系統、因爲界線混淆而受了些傷。本書討論的案例、觀念與工具，值得每個人靜心細讀。讓我們一起透過閱讀，重新認識家、理解自己與家的關係。」

——蘇益賢，臨床心理師

「以家庭系統觀來重新看待當事人的困境，就會慢慢探索出失功能的互動模式。也就是當事人的困境，不能只歸咎於他個人，得要回到整個系統脈絡來審視。一旦我配戴上了家庭系統觀的濾鏡，我就能看到更宏觀的全局。

像是創傷的代際傳遞，揭示著我們的痛苦，可能是正揹負著祖先的傷。展開《重整家的愛與傷》這本書，我著迷其中，如同閱讀著偵探推理小說，又像把自己放在X光機下，一層一層看進自己的內裡。邀請您一起藉著這本書，重新走回家庭裡——那個我們既熟悉又陌生的地方！」

——洪仲清，臨床心理師

「一本針對『家庭如何運作』的指南，清晰易讀，適合任何想要更了解他們自己的人。」

——史丹．塔特金（Stan Tatkin），《大腦依戀障礙》（*Wired for Love*）作者

「一本認識家庭如何形塑我們的個性、關係與情緒的指南。精采且暖心。伊蓮．吉布森的書教導我們如何探索人生中最重要的動力，賦予我們看透日常模式與習慣的真知灼見。《重整家的愛與傷》是一份令人驚喜且無價的資

源，是送給讀者自我覺察的禮物——以及好幾百個『原來如此』的驚嘆。」

——傑克森．麥肯錫（Jackson MacKenzie），《毒型人格的惡情人》（*Psychopath Free*）作者

「十分難得能夠找到一本探討複雜心理概念，還能用來幫助日常成長的書籍。藉由提供作業練習，這本書對任何正在爲自己進行心理治療、想更了解家庭動力（family dynamics）的人，以及想認識基礎心理學概論的臨床醫師，都是絕佳的資源。本書以貼切眞實生活的案例，針對處理家庭情緒三角系統、家族祕密與失能家庭模式，提供有用的提示。是一本『必讀之書』！」

——麥可．L．查芬（Michael L. Chafin），美國婚姻與家庭治療協會（American Association for Marriage and Family Therapy）前主席

「我很榮幸讀到伊蓮．卡尼．吉布森的《重整家的愛與傷》。吉布森對家庭系統理論的知識、多年的臨床經驗與智慧、個人故事與洞見的慷慨分享，

交織在她溫暖且溫柔的文字裡。《重整家的愛與傷》獨一無二地以深入淺出的臨床理論，結合了應用的時機，帶領探索讀者自己的家族經驗。這本書對諮商專家，以及任何希望透過對家族的深入了解而成長的人，是一份很棒的禮物。」

——艾瑞卡．普魯哈（Erika Pluhar），醫學博士、婚姻與家庭治療師、性治療師督導（CST-S）

「這本書涵蓋多個關鍵課題，從個人和專業的角度解釋、理解一個人對家庭系統的認知。伊蓮．卡尼．吉布森集結了五十年臨床工作，與超過三十五年訓練家庭治療師的經驗所淬煉出的智慧，爲業餘與專業讀者寫出這本迷人、知識量豐富且深入淺出的書。這是這時代的重要著作，高度推薦。」

——凱薩琳．麥考爾（Catherine McCall），國際暢銷回憶錄《絕口不說》（*Never Tell*，暫譯）作者、退休家庭治療師、《今日心理學》（*Psychology Today*）雜誌特約作家

「在《重整家的愛與傷》中，伊蓮．吉布森成功將婚姻與家庭治療史中的無數概念，融合成一本可讀性高且實用的書。每一個主題式章節都是由多年經驗提出的理論性觀點，並且搭配引人入勝、有趣的案例。這對任何想從我們生長或創造的體系中得到更多啓發性理解，並從中受益的人來說，是一本眞正有用的書。它提供有意義的見解，指出人類關係間的動力，並揭露了許多對家庭與關係挑戰有指引作用的動機與源頭。不論讀者是心理治療師、教育者，或只是一般想更了解自己和存在的系統（以及存於我們當中的系統）間複雜關係的人，這本深入淺出且知識豐富的書，讓人收穫無窮。」

——史都華．D．史密斯（Stuart D. Smith），專業諮商師

「身爲一位剛退休的家庭律師，我很遺憾先前未能接觸由伊蓮．吉布森對於伴侶與家庭如此美妙的見解，她的字裡行間充滿了對人的關愛。她在《重整家的愛與傷》描述的關係，清晰地照亮了家庭的困境與掙扎，指引向前的

解方，即使是在衝突之中，不論是對離婚或兒童監護的案例都很有幫助。這本精采的書，每一位家事律師都絕對應該擁有。」

——卡蘿・B・鮑威爾（Carol B. Powell），喬治亞州亞特蘭大市律師

「我終於找到一本每個探索自我發現之路的人都需要的書。《重整家的愛與傷》爲我們提供了智慧的結晶，幫助我們了解自己和我們的家族與家庭。若有一本書能開闊你的心胸、深入你的心房、啓發你的靈性，就是它了！」

——卡麥蓉・特林布爾（Rev. Cameron Trimble），Convergence 執行長

「吉布森寫出了一本極具啓發性的作品，這是她身爲心理治療師與教育家五十年的眞實反思。在這個大家對祖先的好奇與日俱增的時代，這本書能幫助個人、夫妻與家庭，以更清晰、易於理解的方式，解讀彼此的關係。這本書用『白話』的語言，解釋了通常只有在教科書裡才能找到的重要概念。這是一本適用於每個人、啓迪人心的指南。」

——珍妮．曼諾爾（Janet Mainor），國家諮商師（NBCC）、專業諮商師督導（CPCS）、連結諮商中心（Link Counseling Center）主任

引言

家的愛與傷：
家庭系統理論與關係治療

家庭可能是我們最豐沛的快樂泉源，同時可能是最痛苦掙扎的源頭。

這本書希望能幫助你解密你的家庭，讓你藉由對家庭系統運作的認識，更了解你的家庭動力❶，讓你更完整地認識自己，以及與你相關的任何人。

家族星座（family constellation）❷，在二十一世紀產生了重大改變。社會開始接受、承認多種族與多元文化家庭，也更能接納單親家庭、重組家庭，以及同志家庭。過去，家人往往住在雞犬相聞的就近之處；而當前社會家人彼此相隔多地、距離遙遠，則是再常見不過。相處時間的改變，確實會對家人間的關係產生巨大影響；物理距離也可能改變家庭關係，影響家庭成員的心理層面。然而，不論是何種改變，家庭對我們的人生以及所有與我們有關的關係，仍有著巨大的影響力。

這本書解釋了一些家庭系統理論（Family Systems Theory）的基本概念。希望鼓勵讀者藉此更了解原生家庭的運作、模式和歷史，是如何影響過去、甚至持續到此刻的自己。同時，我也希望幫助大家覺察身邊現有的各種關係，將如何影響自己的大家庭。

本書是一本十分便利的指南，解釋家庭如何以各種方式，在多方面深深地影響其中的成員，包括：

- 個人的價值觀和信仰。
- 個人在世界上的自我感與認同感。
- 人際關係技巧，以及在理性和情緒反應的領悟。

提高這些事情對我們產生影響的了解與覺察，我們將更有能力選擇自己想成爲什麼樣的人、達成目標所需的方法，以及與他人相處的方式。

我在一九七三年完成的諮商心理學研究所課程，爲我提供了新的思考方

---

❶ 指的是家人之間的互動模式，形塑彼此互動的角色與關係，以及諸多因素。

❷ 又作「家族系統排列」。

式。一九五〇年代以前，大部分的心理學將焦點集中於「個人」，但到了我讀研究所的階段，一種新的治療法出現在心理健康領域：家庭治療❸。家庭治療是從家庭系統理論因應而生。我被這個新的派典深深吸引，經過多年始終如此。

很幸運地，我成爲婚姻與家庭治療這個新領域的早期治療師。此後的許多年，我遇過成百上千的個人、伴侶和家庭，也同時在研究所教授婚姻與家庭治療課程。

至今，我仍非常著迷於家庭系統理論與關係治療的研究。

人生迷宮

每個人都是「人生迷宮」的旅行者。人人都是從這個迷宮的中心——母親的子宮開啓旅程，接著是家庭，再來才會走出家庭、進入外面的世界，踏上自己的人生旅程。

在人生迷宮行走的我們，往往會發現要眞正了解、認識自己，偶爾旋回最開始的地方是很重要的。

人生迷宮的旅程，本質上就是一段心理旅程。隨著不同年紀與階段的改變與深化，每每回過頭來審視自己與家庭的關係，都會獲得不同的觀點與理解。一個人在二十歲對家庭經歷的理解，相較於十歲，必定多了更多的深度與廣度，到了四十歲時可能更多，尤其如果我們選擇穿越這個迷宮——深入其中，同時也從外向內觀看。沒有眞正走出家庭、向外移動，無法具備了解家族動力的思考角度。

但若是走出家庭後，不願定期回到家中體驗、沉思、深化自己的理解，往往會發現自己與家庭不斷失去連結，也與自己失去連結。要眞正了解自己

❸或稱爲「關係治療」。

是誰，穿越家庭這個迷宮——時而在迷宮裡，時而往外走出迷宮，再不時返回，甚至偶爾偏離軌道——可說是極爲重要。

對某些人而言，家庭中的整體經驗，不論過去或現在都十分正面，無論是物理上的回家，或是情感／心理上的回家，每每總能像獲得充滿愛與力量的珍貴試金石。但對某些人來說，家庭給他們帶來的經驗，無論過去或現在都相當負面，實際回到家庭，而且／或者於情感或心理上回到家庭，都像是陷進了深淵。避免再次經歷在深淵的痛苦記憶，是大部分人的做法，但如同一位智者所說，眞正療癒的唯一方法，是願意進入黑暗的深淵，試著在其中找出亮光。

對大部分人來說，家庭的影響有正面也有負面，這似乎是人類經驗不可或缺的部分。

在此釐清，我不是倡導人們要活在過去。我全然相信活在當下才能讓我們完整地活出生命，並擁有自己的力量。然而，一個人的過去對他的現在有著巨大的影響，因此我鼓勵人們，帶著目的有意識地檢視過去，以賦予眼前

的自己知識和力量。

即使迴避了有意識的探索，「過去」仍會持續影響我們——但我們卻仍對它的作用無意識、無察覺。就我的觀點，有意識地活著還是比較好。

本書的每一章，都解釋了一個與家庭系統理論直接相關的概念，章末也會列出數個問題鼓勵你進行思考。或許買本筆記本記錄自己的回應，會是很不錯的方式；和家人一起討論其中的問題以及你的想法和擔憂，也是我很推薦的方法。

希望你接受這份邀請，並將這本書視爲你的嚮導。

第一章

爲什麼這很重要？

了解家庭系統運作的重要性

每個人都是他歷年祖先造就的結果。

——拉爾夫・沃爾多・愛默生

知人者智，自知者明。

——老子

這可能只是一場夢。

我記得有一個人以鏗鏘有力的聲音，在講壇上宣稱：「一個人能奉獻給上帝最好的禮物，就是認識自己。」

身爲一個喜歡追根究柢，而且很有哲學想法的九歲孩子，我對著這句話沉思了許久。我很確定，就是這樣的想法帶領我走進心理學，尤其是婚姻與家庭治療的領域。

我們家族成員喜歡稱我的祖母爲波芭，是她開啓了我的自我發現之旅。她很喜歡說家族故事。

很快地，我發現正是那些真真假假的陳年故事和訊息，定義了我們如何看待自己、人生，以及他人的人生。

「認識自己」是一個人能夠為自己、伴侶和小孩給出最棒的禮物。若不能認識原生家庭或是最初的家庭，便不可能認識自己是誰。

童年發生的事件將持續作用，而且將決定我們會成為怎樣的大人。這些故事幫助我們了解家庭的價值、辨識出身邊人的重要性、界定自己是誰，以及我們在世上的位置。影響我們的，不只是那些被告知自己是誰的故事，還包括我們告訴自己、界定自己的種種；畢竟比起與他人對談，我們可是花了更多時間與自己對話。現在的想法會受到過去的經驗影響，我們是被自己的所見所聞與各式經歷「編制成的程式」（programmed）。

「家庭價值」一詞在當前的社會和政治場域被廣泛使用，甚至是濫用。提到家庭價值，我所指的是家庭的使命、願望和目標。家庭如何支持其中的成員？對於經常在家庭成員之間引起混亂與衝突的發展任務（developmental tasks），家庭將如何完成與回應？

我認爲，**健康的家庭並非毫無問題的完美家庭，而是能利用其中資源，度過各種艱難與危機時刻的堅韌家庭**。

家庭危機往往發生在家庭即將經歷**可預期**發展改變的時刻，例如結婚、領養、子女出生、成爲青少年、子女離家、搬家，或者家中長者往生。然而，家庭也可能經歷**不在預期**或意料之外的危機，如子女、夫妻或父母其中一方的早逝。其他可能產生家庭危機的情況還有：破產、住院、財務困難、外遇、離婚、子女監護問題、再婚、協調重組家庭、因兵役或工作分離、酗酒、藥物成癮、虐待、性別認同障礙、自殺等。

沒有任何地方能像自己的家一樣

不同於傳統的心理分析治療，家庭系統理論將焦點集中在家庭成員的互動，而非個人心理狀況。

家庭系統理論是一種爲了理解人類心理的關係模型。家庭成員間的關係，尤其是成員推與拉之間的距離和親密度，被認爲是構成人類行爲的一項重大因素。家庭系統理論討論的不僅是同住一個屋簷下的個體，而是包括跨時間、跨世代的**整個**大家庭——內外祖父母、叔叔、伯伯、舅舅、姑姑、阿姨，兄弟姊妹以及堂表兄弟姊妹。大部分的家庭治療師認爲，至少認識家族中的三個世代相當重要，不論這位家人是否在世、住在附近，還是相隔兩地。

家庭中的個體不僅擁有共同的家族史，也共享關於對自己、他人，以及世界如何運作的假設和信念。我們在家庭的照顧、養育和支持下學習到如何理解他人；或相反地，在受傷的、有危害的和毀滅性的經驗中，習得理解他人的方法。

桃樂絲在《綠野仙蹤》說得很對：「沒有任何地方能像自己的家一樣。」這是眞的。

你可能成長在一個充滿愛和安全感的家庭，擁有許多美好的回憶；或者，你可能成長於一個混亂、缺乏安全感的家庭。一想到「家」，心中浮現的是難過、受傷，甚至是創傷。然而，沒有任何地方能像自己的家一樣，我們在家庭裡體驗到的關係，塑造了今天的我們，以及我們對自己的觀感、看待與理解他人的方法。

家庭治療師相信，家人關係影響我們的時間與力道，甚至超越了生死；也就是說，距離或死亡都無法讓我們脫離家庭的影響。

選擇如何處理家庭對自己的影響，對終生幸福至關重要。

我們都經歷過創傷。這句話的意思是，至今我沒有見過任何一個人，在生命歷程中從未遭受情緒困擾。也許是失去所愛之人或最愛的寵物，有時一次的受傷或疾病，不僅造成生理上的影響，也可能演變爲心理創傷。也或許是遭受霸凌，或者認爲自己受到不公平的懲罰。童年時，我有一位朋友，如果她的成績單沒有拿到A，就會被禁足整整一個月。

有些較幸運的人，僅受到輕微或頻率較低的創傷；較爲不幸的人則遭受到更爲強烈、令人震驚的情緒或心理創傷，並且造成持續性的影響。這些單次或多次的創傷事件，使他們在情緒上無法承受、變得麻痺或深度焦慮，經常感到疏離也缺乏安全感。也有部分人甚至在情緒、身體或言語上，遭受嚴重虐待，而施虐者正是自己的家人。

在我看來，家庭虐待是最深沉、黑暗，也是最具毀滅性的背叛形式。不論是童年時期的反覆創傷，或是成年後的一次性事件，創傷倖存者往往長年受困於羞恥及罪惡感。他們不時會在人際關係中受挫，尤其是與最親密的人，且經常會有情緒低落、焦慮和自卑的傾向。成功走過創傷的人也許有能力從身體、心理或精神上的傷口復原，但療癒確實需要時間和自我意願。

凱薩琳．麥考爾在發人深省的回憶錄《絕口不說》中，說出自己的療癒歷程，以及性侵倖存者與伴侶，確實擁有走出傷痛的潛能。

療癒創傷是一段促進身體、心理和心靈癒合的轉化之旅；也是一段創傷倖存者修復與自己和他人關係的旅程，透過治癒受傷的大腦與相關傷口，使他們面對自己與他人，皆能抱持平衡與正向的態度。隨著更深入理解自己家庭中的家庭動力，就越能幫助自己做出新的選擇，以更健康、有效的方式駕馭當下。

家庭治療將家庭視爲一個整體，以**系統**的角度看待一個家庭。在「家庭」這個系統中，成員們會互相影響，因此彼此的關係互動和模式，理所當然成爲治療師挖掘問題的關鍵。相較於因果關係，也就是線性思考，家庭治療著重於循環式思考，關注的是整個家庭系統成員間的關係與連結模式。

回饋迴路

家庭系統理論於一九四〇及一九五〇年代開始發展。二次世界大戰時的數學家與工程師，設計了以回饋迴路原則運作的機器，利用訊息能反饋回系統的概念（如圖1.1），使系統對訊息有所回應。

這個新理論是如何影響心理治療的執行？

在家庭系統理論發展的早期，人類學家和溝通理論學家開始研究家庭中的成員，是如何在循環模式或回饋迴路裡互相回應。

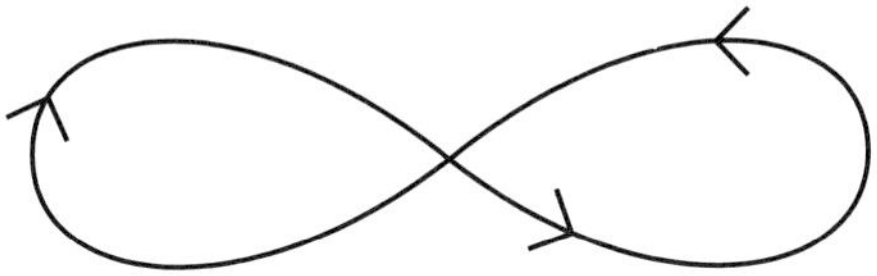

圖 1.1 回饋迴路

在**循環性因果**這個概念，在系統理論中被提出以前，心理治療師通常是以**線性因果**的方式處理個案。循環式因果與線性因果的差異，可以在下面這個故事中看出來。

一位母親帶著十五歲的兒子前來求診。孩子已經蹺課、吸毒了一段時間。

心理治療師得知他的父親剛失業。兒子表示他對父親很生氣，因爲父親只會坐在沙發上，完全沒有努力去找工作。治療師假設兒子是利用外顯行爲或不良行爲，來表現對父親的憤怒（一種線性因果），是父親導致了兒子的行爲：父親→兒子，也就是A→B。

贊成家庭系統理論的治療師，雖然不會完全忽略上述有關線性因果的假設，但會試圖了解個案家庭中的所有依附關係，再探討這位少年的問題。也就是說，家庭治療師的思考方向是：家庭中的**每個成員**是如何影響其他成員。在這個家庭中，兒子被「家庭」認爲是**指定病人**（identified patient）❶，即家中需要尋求治療的成員。家庭治療師則會將**家庭系統**視爲「病人」。

如果我是這個家庭的治療師，我會想在第一次會面時見到所有家庭成員。這能讓我更全面地協助這個家庭，辨識出導致個別成員痛苦的不健康或破壞性的關係模式，幫助他們建立更健康、有效的理解模式，最終解決家庭裡兒子不良行爲的「眼前問題」。

我會在第一次會面邀請整個家庭一起進診療室——父親、母親，與被認爲是指定病人的兒子（十五歲）和女兒（十三歲）。接著記下完整的家庭史，從核心家庭開始，即來到診間的家庭：爸爸、媽媽，以及兩個孩子。在了解完整的家庭史——至少三代的家人——後，我發現這位爸爸除了失業，近期還面臨母親（孩子們的祖母）車禍喪生的創傷。女兒說媽媽開始喝更多的酒，而且更常生氣。女兒也說自己現在更常待在房間，很少和朋友出門；兒子則是一直繃著臉，但毫不掩飾自己對雙親的憤怒。

在得知更完整的家庭資訊後，我假設：

- 爸爸十分憂鬱，因爲他不僅失業、失去母親，也被兒子的外顯行爲和妻子的酗酒影響。
- 媽媽也因爲丈夫以及兒子的情況憂鬱、憤怒，同時也爲家中的財務問題十分焦慮。
- 即將離家（一個正常的發展任務）的兒子既憤怒又害怕。
- 女兒因爲擔心爸爸的安全不敢離開家，且很害怕自己的家庭即將分崩離析。

❶ 又作「被辨識出來的病人」。

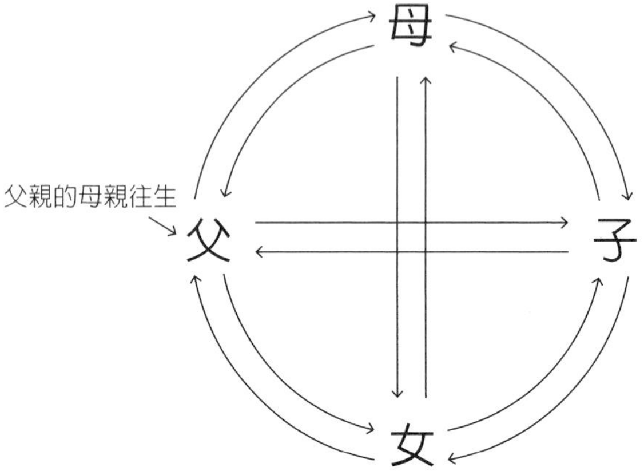

圖 1.2 循環性因果

所以，與其將問題想成「父親→兒子」的線性關係，其實更符合圖1.2表示的循環性關係：

這個故事裡，大家庭中不論在世或已故的家庭成員，都影響了個別成員的目前情況。將家庭視為一個系統後，對眼前問題的解釋、理解與解決方法，也將就此改變。關鍵並非指出問題的起源，而是辨識出助長不健康模式的無效或破壞性思考方式，以更健康、有效的模式取而代之。

此外，拉遠視角，由更廣的

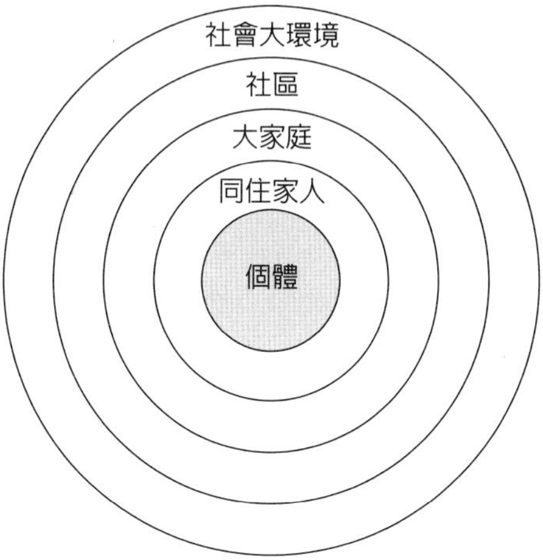

圖 1.3 從更廣泛的情境背景看家庭

情境及更大的家庭系統，觀察問題脈絡（如圖1.3）也相當重要。社會與文化對家庭的影響是相當龐大的：性別、階級、種族、性別傾向、宗教與經濟地位，都會影響個人的價值觀與信念。在我的經驗中，相較於大環境處於承平時期，當社會環境處於轉換或危機變動時，整個家庭或當中的成員都更容易受到影響。像是當國家發生戰爭，每個人和每個家庭必定會遭受衝擊。但當然每個人感受到的衝擊程度不一。

在我提供個人、伴侶與家庭諮商的數十年來，從來沒有出現過這麼多的病人，在就診時和我說自己因為國家面臨的問題遭受到如此深沉的影響。然而，本書仍會專注在核心家庭（父母——同住或分居——與他們的孩子）以及大家庭，而非社區或範圍更廣的社會與世界問題。

家庭系統理論的主要假設

總之，家庭系統理論是一種心理治療的哲學，適用於個人、伴侶或家庭。在家庭系統理論中，每個人都被視為緊密關係系統中的一部分，沒有一個人可以單獨被分離出來理解，因為我們總是處於各種關係。而且這個系統將不停發展，大於現今各部分的總和。

因此：

● 每個人的行為與家庭互動過程的關係，和個人的心理歷程或情緒問題有關。

●每一位家庭成員的改變，都將影響所有成員及整個家庭。

每個家庭都有自己獨特的屬性，包括：

●架構。

●規矩。

●對成員指定或指派的角色。

●複雜精細的公開或祕密溝通方式。

●特定的協商與問題解決方式。

家庭是一個有組織的社會系統，成員們：

●擁有共同的家族史。

●對於家庭的意義有共同的理解。

●對家庭認同的看法相同。

● 對世界有共同的假設。

認識自己的家庭模式、連結、歷史與故事，將能讓我們獲得解放。

認識自己家庭的目的，並非爲了指責或找出錯誤，而是以這些脈絡加深覺察和理解，對自己**想要**在世界上成爲怎樣的人，做出更有意識的決定：**我想要**如何感受？如何思考？如何行事？

覺察與理解就是力量——選擇改變的力量；去思考、去感覺、去行動的力量。以讓自己發光發熱的方式，而非以「自動駕駛」的模式運轉，行屍走肉般地存在世上。

不論你經歷的是何種程度的創傷，知識、覺察與理解能讓你擁有**選擇**的力量。願你選擇去療癒，願你選擇去尋找自己需要這麼做的支持與協助。

請容許我再說一次。我介紹這些家庭系統理論中的基本概念，是希望讀者能因爲具備這些知識，更完整地理解自己是如何被家庭的運作、模式和過程影響過去的自己，並且在此刻也持續影響著他們。

我深深相信培根在《沉思錄》中的名言：「知識即力量。」
願你利用這些知識賦予自己力量去療癒，創造出眞正的你，和你的人生。

反思你的原生家庭/成長家庭

1. 對於你的家庭認同，你的家人相信哪些假設和信念？（請試著從每個家庭成員的角度思考這個問題。）
2. 寫下自己在家庭中被教導的，對於這個世界運作的假設。你是否同意它們？
3. 你由自己家中學到的「家庭的意義」是什麼？現在的你，對於這些意義是否抱持著相同或不同的看法？

第二章

誰是一家之主？

決定家庭自我建構的好壞

世界是一個舞台，男男女女們都是演員：
他們有他們的出口和他們的入口，
而且每個人都在自己活著的時候扮演許多角色……
——莎士比亞

許多父母太過著急於爲孩子安排輕鬆安逸的生活，
反倒讓孩子們的人生更加艱難。
——歌德

解讀家庭系統的方式有很多，其中一種是分析家庭如何建構自己。所有的家庭都有某種層級的結構、規範，以及互動模式，家庭結構決定了這些規範、成員的角色，以及運作的模式。但家庭結構並非一成不變，而是將隨著成員的年紀，以及家庭中個體與整個系統經歷的成長階段改變。

家庭是由眾多的次系統組成，可能有夫妻或伴侶次系統、父母次系統、祖父母次系統，以及手足次系統。每個次系統都會根據與其他次系統間的關係，發展出獨有的特性、功能，以及模式。

家系圖：圖解家庭結構的方法

家庭系統理論的建立者之一莫瑞．鮑文（Murray Bowen）發現，在辨識家庭次系統時，以建立家庭樹的方式圖解家庭，會很有幫助。

家庭的圖解圖後來被稱作「家系圖」（genogram）❶。家系圖在臨床實務上的發展及普遍，是靠莫妮卡．麥戈德里克（Monica Mcgoldrick）與藍迪．格爾森（Randy Gerson）出版的《家系圖在家庭評估中的運用》（*Genograms*

❶ 又作「家庭圖」。

in Family Assessment，暫譯）一書。心理治療師會畫出家系圖，讓大家能藉由家庭地圖與上面的圖示，指認出該家庭系統的重要資訊，而不用閱讀長篇累牘的一整個家族史。

麥戈德里克和格爾森設計了代表性別與關係模式的符號，包括反覆出現的跨代行爲模式與遺傳傾向。而整個家系圖中則包含家庭中發生的重要事件，例如出生與死亡，以及醫療與心理健康史[1]。

如圖2.1，一個基本的家系圖至少會包含一家三代。如果一個有雙親（一父一母）和兩個孩子（一男一女）的家庭來就診，他們的家系圖會呈現爲：

- 內外祖父母：第一代。
- 父母：第二代。
- 子女：第三代。

我會詢問有關呈現於「第一代」的內外祖父母的事，問些上面所列的個人細節，以及任何其他相關的訊息。

最初的家系圖是以圓形代表女性、方形代表男性，但如今許多心理治療師也爲跨性別或非二元性別者，創造了屬於他們的符號。如圖2.2，將圓形置於方形內，表示個體出生時爲女性，現在則是男性，或性別認同爲男性。

近年來，家系圖在很多方面已經從原本的形式升級，也增加了許多符號來代表個體與關係模式。在這本書裡，我將廣泛使用家系圖來說明良性與惡性的家庭系統運作案例。因此在閱讀這本書時，你會時常看到代表這些關係模式的符號。

家庭層級制度：父母的權利與責任

本章焦點會放在有子女的家庭。不論是否已爲父母，我都很鼓勵你回想自己在原生家庭的成長經歷。

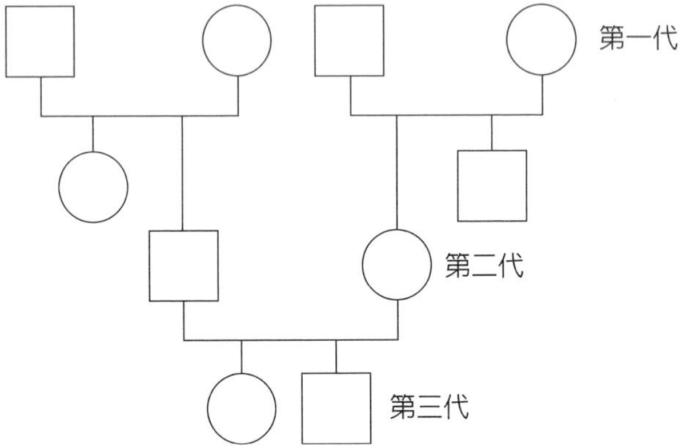

圖 2.1 標示性別的基本三代家系圖

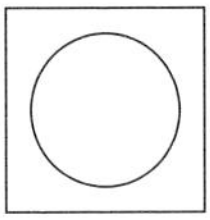

圖 2.2 跨性別由女性變為男性

爲了讓有子女的家庭發揮最大功能，建立層級制度相當重要。關於層級在家庭中的重要性——**父母身為父母的重要性**——三天三夜也說不完。

我職業生涯早期曾教授父母成長課程。我會請參與者寫下這個問題的答案：「你最想讓孩子感受到什麼？」我會請他們舉手，看看有多少人寫了「快樂」。幾乎每次都有近八成的參與者會舉手。「嗶—嗶—」我會大聲模仿比賽選手犯規時評審常按的鈴響聲，宣布他們「答錯了！」

對孩子來說，最重要的感覺是**安全感**。

當孩子感到安全，就能自在地體驗快樂，創造良好的自我價值、幽默感與愛。安全感能使孩子完整地體驗憤怒、失望和難過，並且自在地適時表達這些情緒。尤其，若是孩子在年紀很小的時候就獲得充足的安全感，往後的人生就有較高的機率，能自行建構出充滿愛與安全感的關係。

我也會告訴那些回答「快樂」的參與者，快樂的感覺可能是暫時的，但「安全感」將爲我們建立起深刻而恆久的認知，成爲足以支撐我們存在的重要基礎。

我相信，掌管家庭不只是父母的權利，也是**責任**。讓孩子知道除了自己以外，確實有人會一起負擔家庭責任。當然，孩子在關心他們的需要、渴望和感受的父母身邊，能獲得最充足的安全感。

父母常見的一項挑戰，是對孩子說「不可以」，並且堅持到底。我忘了自己有生以來，不知多少次親眼見到父母對孩子說了兩、三次的「不可以」，最終卻還是屈服於孩子的要求。我想到了——是數百次！

當我還是新手父母，就鐵了心要避免這種隱患。我認爲我做得很好，但這並沒有阻止兒子們嘗試推翻我的「不可以」宣令。我開玩笑地說他們「不接受不可以」的意志是DNA的一部分，然而我也堅持不對他們的抗拒「投降」。我選擇忍受他們大發脾氣、生氣嘟嘴，以及（很暫時的）拒絕關愛。

但這項堅持的回報很值得。他們知道，我也知道，我才是當家的人。

我不記得我曾經與三個青少年兒子有過口角。當我告訴別人這件事，他們既驚訝又難以置信。但這是眞的。在他們成爲青少年之前，他們已經學到我說「不可以」就是「不可以」。我說「不可以」時，通常是在廚房的對話中。我在冰箱上貼了標語：「這個『不可以』的哪個部分你聽不懂？」

所以，固定的流程是這樣：

1. 兒子問我某件我不想答應他的事。
2. 我說「不可以」。
3. 他會再問一次，但只是爲了確認。
4. 我會哼首歌、跳個舞，然後指向冰箱上的標語。

好了，對話結束。想到這一幕，我不禁莞薾。

若孩子在兩、三歲時沒有學會「不可以」就是「不可以」，那麼當他們到了九歲或十五歲，要讓他們接受這種想法就更困難了。

我很確定我的兒子們學到，當他們知道答案是「不可以」時，就不要再問了。他們若不是接受自己想要的不會發生，就是決定背著我去做。我也必須假設後者的情況確實會發生，畢竟我也當過青少年，有些事我的父母也無從得知。我必須假定我的孩子也是如此。

層級運作的轉換

隨著孩子長大成人，在家庭中的層級地位也會有所變化。像是隨著父母的老化，尤其是健康狀況欠佳或認知退化，成年孩子得反過來「養育」父母，這種情況並不少見。

有時，成年子女的父母不願坦然接受自己不再是一家之主，也不應該再承擔這項責任。他們仍想掌控，並且認爲孩子仍應對他們言聽計從。此時，成年子女要放下取悅父母的角色和想法，是很不容易的。另一種情況則是，年紀尚輕的青少年和剛成年的子女，就是想反抗父母的權威，試圖宣告對自己人生的掌控權。

爲了擺脫父母控制的青少年和剛成年子女，往往會在過程中傷到自己；

允許父母控制人生的成年子女，會爲了取悅父母忽視自己的渴望和需求，無法忠於自己。這兩種反應都不健康。成年人想獲得自主權，絕對有更健康的做法。在後面的章節中，我會再討論這個主題。

民主型、專制型與放任型家庭

要描述一個家庭如何做決定，以及親子之間如何互動，有三種最常見的基本運作型態：

1. 民主型家庭：民主型家庭裡的孩子可以發表意見。他們有選擇權，意見會被列入參酌；但仍由父母做最後的決定。父母會訂定清楚、公平，而且有彈性的規則。當規則被打破，父母會做出與孩子年齡相應的處罰。注意：若孩子能事先知道罰則會很有幫助。

2. 專制型家庭：專制型家庭不讓孩子有意見。由父母訂定規則，可能是清楚且公平的，也可能不是。當孩子打破規則時會被父母處罰，而經常發生父母採取的處罰並不公平，而且和「罪行」不相關。

3. 放任型家庭：在放任型家庭裡通常是孩子當家，家中很少規範。即使孩子眞的打破規範，可能也不會有任何對他們有意義的處罰。

在我的經驗裡，相較於民主型家庭，專制型和放任型家庭比較可能來尋求孩子的心理治療。民主型家庭並非完全對家庭治療的需求免疫，然而，他們出現的問題通常和「誰當家作主」無關。例外情況可能會出現在轉換時期，例如處於青少年時期的孩子，正在挑戰「規範」。

我們經常發現，當家庭因爲孩子的外顯行爲或某種不良行爲尋求心理治療，問題最終還是得回歸於父母當家負責的工作做得不足。這在父母幾乎沒有訂立規範或罰責的家庭，和訂下許多規範和罰責的家庭都一樣。

對孩子立下許多規範、頻繁進行處罰，無法讓你成爲提供孩子足夠安全感和幸福感的父母。當該爲這個家作主的人能負起責任、立下合理的界線和範圍，而且能被信任爲會關心孩子的幸福，孩子會較有安全感。不論是家中的孩子或國家的公民，這個道理都是相同的。

家庭界線與次系統

有幼兒的家庭中，擁有明確層級結構的家庭系統很重要。父母次系統必須永遠是具有執行力的次系統。

界線的作用在於劃清次系統與次系統內的成員。每個次系統都有明確的功能，以及自己內部與其他次系統間的互動模式。

如圖2.3和圖2.4，每個次系統間有適當的界線是很重要的。

父母必須扛起責任。若父母能互相支援是最理想的情況，即使父母離婚或不再同住也是如此。（若父母一方會對小孩施虐，則不在此限。）爲兒女提供安全的保障是父母的責任。若父母一方會對小孩施虐，另一方則必須採取行動，爲孩子提供安全庇護。這在美國許多州都是法律上的明文規範，甚至在部分地區，未施虐的一方必須與施虐父母連坐負起法律責任。

次系統間，以及次系統內的界線，對整個家庭系統的健康至關重要。

在傳統家庭治療的文獻中，家庭界線可以被定義爲明確型、僵化型，或模糊型。

明確型的界線是最理想的情況。明確的界線既堅韌又有彈性，家庭中的成員既能受到良好的養育與支持，也被容許擁有適當的自主權（視個體的年齡而定）。

在界線僵化的家庭中，成員間的情感疏離、彼此孤立隔絕、只關注自己的事，以致於無法回應彼此或互相支援。因此經常可以聽到「你自己處理」和「別煩我」這類的回應。此外，界線僵化的家庭對外界往往相當封閉。

至於界線模糊的家庭，特徵是彼此的關係糾結不清。每個人都互相干涉，

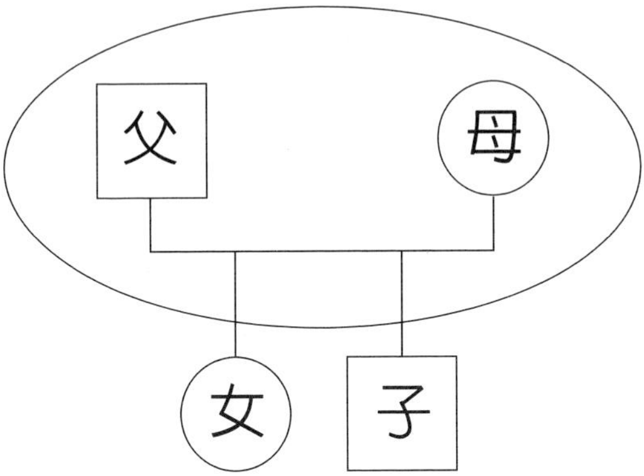

圖 2.3 父母次系統

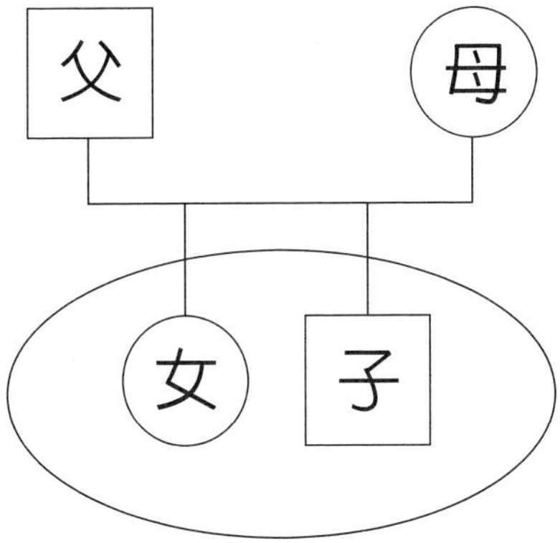

圖 2.4 手足次系統

可能父母雙方或其中一方過度參與孩子的生活，或者太隨傳隨到。父母的生活主要圍著孩子打轉，導致夫妻關係被忽視，夫妻次系統被父母次系統吞噬，因此傷痕累累。也容易造成孩子太倚賴父母，壓抑孩子獨立自主的可能性。

家庭中的問題，往往肇因於模糊的界線與中間的跨世代聯盟問題。

若是母親和青少年女兒非比尋常的親密，在討論或活動時經常將父親摒除在外，父親可能會藉由在瑣事上爭執增加與母親的互動；或者他可能從婚姻出走，以滿足他對親密感的需要，不論是在高爾夫球場和朋友打球，或是與工作場合的其他女性建立關係。當遇到這種情況，系統治療師同樣不會對問題發生的「原因」那麼感興趣。他們相信，更重要的是找出讓問題持續存在的**模式**。在這個例子中，日常生活的夫妻關係就是核心所在。

一位早期的家族系統治療師薩爾瓦多．米紐慶（Salvador Minuchin）曾引進一種技巧，稱爲「家庭地圖」（family mapping），呈現個體與次系統之間的層級與界線。他認爲次系統間明確的界線，有助於確保家庭整體的安全與幸福[2]。

界線呈現的方式可見圖2.5。

在上述母親與青少年女兒異常親密，與父親則較爲疏離的家庭，剛進入治療時的家庭地圖會如圖2.6。

心理治療的目標，是協助夫妻雙方以健康的方式重新連結，同時讓女兒與父母間的連結同樣暢通，成爲更獨立自主的成年人。建立起如圖2.7這樣的理想家庭地圖。

在部分家庭，母親與女兒的親密程度與父母之間的距離無關，夫妻關係可能沒有遇到任何問題。母女間的親密關係可能、也可能沒有問題，但若她們的親密程度對家中任何成員或關係有負面影響，就會成爲問題。可能是女兒的人生發展遭到阻礙，或是另一位手足覺得被忽視，或感到自己不如姊妹重要。

界線型態	線條表現方式	代表意義
模糊型	- - - - - - - - - - - - - - -	糾結不清的關係
僵化型	— — — — — — —	冷漠的—疏離的
明確型	– – – – – – – – – – – –	明確但有彈性

圖 2.5 界線的呈現

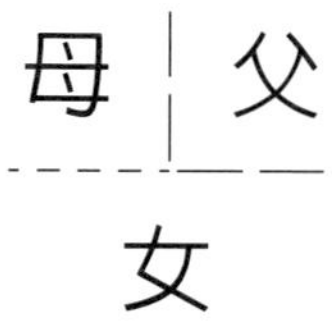

父親與母親之間的界線僵化
父親與女兒之間的界線僵化
母親與女兒之間的界線模糊

圖 2.6 家庭界線 1

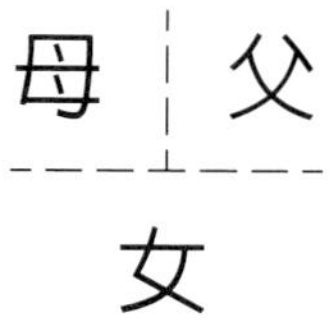

母親與父親之間的界線明確
父親與女兒之間的界線明確
母親與女兒之間的界線明確

圖 2.7 家庭界線 2

向明確的界線邁進

有時，孩子**就是**那個希望建立明確、健康界線，也努力去實踐的角色。這最常發生在青少年身上。

十六歲時，我父親從屋頂上跌落，摔斷了頸部以下左側的幾乎每一根骨頭，有好幾個月沒辦法開車。我的母親不會開車，所以當時我成爲家中的主要駕駛，負責載弟弟妹妹上下學、帶母親往返醫院、幫家裡跑腿。

因爲現實生活需要，我在家中的層級被提升到父母次系統。我覺得這偏向責任，而非出於我的意願。

幾個月後，我堅持要母親學開車拿駕照，她同意了。我第一次帶她去附近的鄉間小路練車時，一隻黃金獵犬衝到車子前面，我母親撞到了牠，狗狗當場死亡。即使狗狗的主人和我努力安慰母親，說這不是她的錯，沒有人能反應快到順利閃開狗狗不撞到牠，但她還是歇斯底里，大聲喊說絕對不再坐在方向盤前面！

一開始我覺得難過又洩氣，但不久後我決定這種情況不能再持續下去。等了幾天後，我把車鑰匙握在手中，走進廚房，堅定而平靜地對我母親說：「我們現在該去開車了。」

一陣靜默後，我母親看起來像是被車燈照到的小鹿。「拜託。」我哄著。好險她聽了，而且在幾星期後拿到了駕照。我終於能回去當青少年，繼續我在子女次系統中的位置！

世代的界線問題，不只發生在父母與孩子之間，而是經常牽涉到大家庭的其他成員。另一個跨世代界線的例子則牽涉到祖父母。在部分情況下，祖父或祖母對孫子女的權威和控制可能凌駕父母。祖父母可能削弱父母的權威，當父母試圖「教養」時，子女會忽視父母，直接尋求祖父或祖母爲靠山。這種情況經常發生在祖父母因溺愛孫子女而產生的衝突，但若是這種情況不常發生，而且不是持續的模式，上述的情況就是無害的。（我曾以寵孫的祖母角色發言——實在罪過！）

轉化不健康的僵化界線

在我的職業生涯中，遇過多次奇蹟似的治療結果，其中一例是一位母親和她的青少年兒子。

兒子與母親隨著時間發展出僵化的界線，原因是兒子在成長階段並沒有獲得母親足夠的陪伴。

父母在他大約十歲時離婚。當時他還住在家裡，而哥哥已經高中畢業，準備離家上大學。雖然當時他年紀還小，但他很有責任感，幾乎所有事都自己處理。然而，這個家庭被引介到我這裡，是因爲他開始出現憂鬱症狀，並且多科成績下滑——這在先前從來沒有發生過，當時是他就讀高中的最後一年。母親在大企業擔任執行長，工作壓力大而且極耗心力，幾乎每天都工作到很晚。當時她開始與住在其他州的一位男士約會，經常在週末遠行找男友。

在和這對母子的幾次會面中，我大致從他們的觀點得知問題的癥結，但我還想了解一下他們的家庭史。之後，我分別與他們單獨談談。

兒子說，他很高興媽媽有男朋友，他也喜歡他。我相信他是眞誠的。我認眞聆聽這個年輕人的想法，觀察出他十分渴望與媽媽有更多的情感連結。因此在下一次的家庭會面，我和他們兩人說，兒子在秋天離家上大學前，需要得到更多的「母愛」。他們兩個坐著看我，彷彿我瘋了，但我堅持我的想法。

我詢問他們，是否願意嘗試一項實驗，他們同意了。我請這位母親向兒子承諾，她每星期有兩個晚上會爲他提早回家，一起吃晚餐。兒子對這個想法感到很興奮，主動提議要準備晚餐。他們規畫了一份菜單，媽媽負責採買，兒子或兩人一起準備餐點。當我在兩週後看見他們，兒子已經明顯沒那麼憂鬱。而在四星期後的會面，我得知兒子的成績已經回到正軌。

在這個案例中，我不禁設想，若兒子**只**尋求個人治療，讓憂鬱傾向成爲治療焦點，沒有一併將家庭關係納入考量，結果又會如何呢？其實只要家庭關係沒有被忽略，與孩子個別進行治療有其重要性，也將有所幫助，但善意的父母往往第一時間想到的是帶子女尋求個人心理治療，雖然家族治療才是他們眞正需要的。

家庭與界外世界

家庭與外在世界也存在著界線。

與外在世界有開放界線的家庭，表示家中成員能自由地到外面的環境做自己，也表示這個家庭歡迎新想法或其他人進入他們的世界。

與外在世界有開放界線的家庭，通常被認爲是健康且正面的，但我也見過這條界線過於開放，導致家中一或多位家庭成員感到痛苦。這通常會出現在家庭與外界幾乎沒有任何分界的情況。其中一個例子，是家庭有「門戶大開」的政策。在這種情況下，人們不停進進出出，個人隱私不受尊重，或者只能保有極少的個人隱私，讓混亂成爲常態。

相反地，封閉型的家庭通常會與外在世界隔絕。封閉型的家庭會抗拒改變。我從來沒有見過一個封閉型家庭中，沒有任何一個家庭成員深受其害，至少都會有一個，或是更多。封閉型家庭之所以存在，是因爲外在世界對他們來說似乎具有某種威脅。也或許這個家庭隱藏著一些祕密，可能是肢體或性方面的凌虐、精神疾病，或是藥物濫用。

總歸一句：家庭與外在世界有明確的界線——不是模糊的或僵化的——是最理想的情況。明確的界線允許開放心態，也被認爲是健康或運作良好的家庭的最佳狀況。

家庭次系統的改變

家庭生活會隨著時間改變。

家庭發展理論註記了家庭的生命週期中，結構需要調整的轉變點，以便使家庭維持功能。結婚、生子、孩子入學、青春期、子女離家，都是可預期的轉變點。而其他意料之外的危機和挑戰，也可能是家庭需要改變結構的時刻。家人死亡，尤其是未預期的死亡或早夭，更可能使家庭陷入危機與混亂之中。離婚、失業、疾病、入獄、經濟壓力和戰爭，都是使家庭必須改變自身運作與結構的原因。

離婚會製造出次系統的一連串改變，不只將改變夫妻的功能和關係模式，也會改變整個家庭的功能和關係模式。若離婚夫妻育有子女，而其中一人或雙方皆再婚，家庭運作和重組家庭結構就會變成更複雜的問題。

在我的執業經驗中，再婚家庭一再出現的問題有下列兩大項：

1.新婚夫妻想讓重組家庭以完整的核心家庭般運作。一個完整的核心家庭，指的是由兩個結婚的成人和彼此的親生子女，共同組成的一個家庭或單位。除非重組家庭中的子女仍年紀非常小，否則通常很難順利沿用他們先前各自在核心家庭中的角色、規範、功能運作和期望。因此，重組家庭必須建立一套新的、不同的結構，想效法完整的核心家庭是**行不通**的！

2.另一個我常看見的困境，是繼父母們不明白他們與繼子女的關係，與他們的原生父母不同。這會產生很多問題，多到我無法在書裡詳談。幸運的是現今有許多資源可以利用，有很多關於繼父母教養問題的好書、部落格和podcast。但在此我想強調的一項規則是：原生父母必須是親生子女的**主要**父母，尤其是新成立的家庭中有青少年時。

功能不足與過高功能

有時，情況會造就出同時具有過高功能（over-functioning）與功能不足（under-functioning）的父母次系統。若父母之一出了意外或生病，另一位父母將必須發揮過高功能，以便使家庭盡可能如常運作。也有家庭系統會將個人置於過高功能或功能不足的角色。一般而言，通常是母親被放入（而且她們也準備好接受）過高功能的角色。過高功能的父母通常也傾向過度參與，而過度參與的父母通常被描述成**直升機父母**，總是在孩子附近盤旋。

過高功能的角色，可能會爲了家庭的運作承擔過多責任。他們往往認爲照顧好其他人是他們的工作，即使這麼做沒有必要，而且通常並不健康。他們傾向於忽略自己的渴望和需求，提高自己情緒和生理疾病的潛在風險。當他們過度參與又過高功能，他們會爲每個人和每件事過度擔心，因而使其他人認爲他們是在控制或過度承擔。

功能不足的這個角色，則爲整體家庭承擔較少的責任。有時這個人的行爲是不負責任且冷漠的，也可能在家庭中情感疏離且不參與。

當家庭中出現極端功能不足與極端過高功能的角色，每個人都將付出代價。

家庭中過高功能與功能不足所呈現出來的樣貌有很多種。最明顯的是，當父母其中一人負責家中的財務，同時也擔起家務和照顧孩子的責任；另一人則整天只做自己想做的事，完全不顧及家人的需要。

我想到的一種情況是，父親白天去工作，回家時得在路上採買、準備晚餐，還要檢查孩子們的功課，然後送他們上床睡覺。母親則整天在鄉村俱樂部打網球和橋牌，返家前還小酌了一下。到家後，孩子從學校回家時，母親又小睡了一下，時間到再起床和家人共進晚餐。晚餐後，母親又開始飲酒。這就是一個過高功能（父親）與功能不足（母親）父母的明顯案例。

然而在有些情況，過高功能與功能不足之間的差別沒有這麼明顯。我看過許多家庭，雙親都完全投入工作，爲家庭提供經濟來源、打理家庭，但只有其中一位負責與孩子相關的任務。在單親家庭通常是這樣，但同樣也會出現在雙親家庭。在這種情況下，父母都發揮了功能，而且可能都發揮了高功能，但只有其中一方在教養上過高功能，而另一方則功能不足，很少負擔照顧小孩的責任。

我看過很多夫妻在婚姻治療中呈現的問題是，過高功能的那個人覺得嫌惡、受傷，且經常感到孤單。而且幾乎總是過高功能的伴侶，將功能不足的伴侶帶來諮商。夫妻中的過高功能者，通常將他們的伴侶形容爲懶惰或自我中心，這很可能正是問題的關鍵。有些情況是夫妻中的功能不足者，其實已經在當下盡其所能，但他們可能正處於深沉的悲傷，或者患有心理疾病。當然，確實也可能他們就是懶惰或自我中心。

配偶（父母）次系統的關係越平等，家庭系統就會越健康。

在單親家庭裡，父母必須注意不要指定孩子擔任父母的角色，阻礙孩子**當孩子的自由**。同樣重要的是，單親家長也必須付出心力照顧自己，而且要避免在不必要時**過度**參與。

有時候無法避免過高功能，但必須盡量管理與減輕這種情況，以便爲全家人維繫健康的平衡。

家庭成員的角色與責任

另一種建構家庭的方式，是定義成員各自要承擔的責任。有些家庭來求診，是因為遭遇角色與其相關責任所牽涉到的問題。新婚夫妻來找我討論，該如何處理自己被要求的角色，這種情況並不罕見。誰負責主要的家庭開銷？誰處理財務細節？誰負責煮飯和打掃？誰負責照顧孩子？誰安排社交活動？誰提供情感支持？這些任務都必須有人承擔，才能讓家庭順利運作。

有時家庭成員「須負責的任務」，等同於他們「須扮演的角色」。家庭成員負責的任務／擔任的角色被認定為：負責家庭開銷的人、廚師、照護者或喬事者。

在一些家庭，成員角色和該負責的任務不會被畫上等號。可能不只一人負責家庭開銷、不只一人準備餐點和打掃家裡，也不只一人照顧孩子。

任務和角色並非為同義詞，而當任務和角色被畫上等號，通常也不會有特別的缺點。但是當有家庭成員認爲自己被困住，或者感覺負擔沉重到產生身體或情緒上的痛苦或疾病時，這就將成爲一種危害。

一個人在家庭中的角色，可以與須負責的特定任務無關。好處是，這樣可以讓一個角色滿足更多家中關係及情感上的需求。例如，爸爸主要負責家庭的開銷，但也總是家中最能同理別人的角色，因此當家人有需要，他們就會找擔任「同理心顧問」的爸爸尋求協助。

角色歸屬可能與性別或出生順序有關。家中最年幼的女兒，可能會被期待在父母年老時擔任照顧者。這是自出生就被指定角色的一項例子，也就是俗稱「印在額頭上」的角色。另一個例子是出生在律師世家的兒子。若家族男性都是律師，兒子很可能會被期待成爲繼承家族事業的下一位律師。

孩子也往往被投射爲各種角色，像是「聰明的孩子」「漂亮的孩子」「有趣的孩子」等等。當某個角色變得僵化，就成了問題。如果只有一個兒子被允許成爲家族中的英雄，甚至成爲一項絕對的要求，那麼就可能導致功能失調。同樣的情況也適用於代罪羔羊、照護者、搞笑者等。但若是家庭具有彈性，個人可以在他們被指定的角色中進出，就比較不會發生讓一或多位家庭成員痛苦的情況。

總結本章最重要的幾個部分：

健康的家庭系統，能照顧家庭中的成員；不健康的家庭系統，則會犧牲一或多個家庭成員，以維繫這個系統。

- 家庭系統的結構，對於系統成員的健康相當重要。
- 在有子女的家庭裡，層級地位相當重要，要有負責任的次系統當家負責，通常是父母雙方或其中一人。
- 一個健康的家庭，在次系統間會有明確的界線，且這些界線是堅定但也具備彈性。
- 一個健康的家庭不會指派僵化的角色，讓家中成員動彈不得，因而承擔痛苦。

●一個健康的家庭會鼓勵成員與周圍世界有健康的互動。

永遠記得，家庭不只是共同生活在一個實體空間的個體，大家也同樣擁有共同的心理空間。這在與家人互動時非常重要。

辨識你的家庭結構

首先，我想請你思考下列關於原生家庭（亦即你出生長大的家庭）關係的問題。接著，回到目前的家庭來思考。它們有多相似／不同？你是否知道父母小時候的家庭結構如何？

在尋求這些問題的答案時，我邀請你隨時覺察自己的感受。

結構與層級

1. 若你過去／現在生活在單親家庭，是否有一或多個孩子擔負起成人的角色？
2. 若有一位祖父母過去／現在住在家裡，是否有誰當家作主的困擾？
3. 過去／現在，你的父母是一起還是分開的？
4. 過去／現在由誰決定家裡的氣氛？（我想到一句俗諺：「媽媽快樂，全家才會快樂。」）

5. 關於家裡應該由**誰**當家，過去/現在你接收到的是哪種訊息？

過度參與或參與不足

1. 你的父母之中，是否有任何一位，在過去/現在對至少一個孩子過度參與？

2. 在你的父母中，是否有一位或雙方，過去/現在在家中是邊緣或參與不足的？

運作風格

1. 你的父母對孩子採取的是哪一種教養風格？

A. **民主型家庭**：民主型家庭裡的孩子可以發表意見。他們有選擇權，意見會被列入參酌，但仍由父母做最後的決定。父母會訂定清楚、公平，而且有彈性的規則；當規則被打破，父母會做出與孩子年齡相應的處罰。注意：若孩子能事先知道罰則會很有幫助。

B.專制型家庭：專制型家庭不讓孩子有意見。由父母訂定規則，可能是清楚且公平的，也可能不是；當孩子打破規則時會被父母處罰，經常發生父母採取的處罰並不公平，而且和「罪行」不相關。

C.放任型家庭：在放任型家庭裡通常是孩子當家，家中很少規範。即使孩子真的打破規範，可能也不會有任何對他們有意義的處罰。

2. 對孩子的管教，在過去/現在公平且一致嗎？不一致？不存在？還是過於嚴格？
3. 過去/現在是否較注重不被期待的（不好的）行為，還是較注重被期待的（好的）行為？
4. 過去/現在是較注重正向強化（獎勵被期待的行為），還是負向強化（懲罰不好的行為）？
5. 你是否曾發現自己做的事很像原生家庭裡的另一位成員？在行為風格的發展中，你認為最有影響力的模範是誰？
6. 在孩提時期，你如何懲罰或獎勵父母？什麼是最有效的懲罰？你是否發現自己現在仍持續對父母、伴侶或孩子使用這些獎勵與懲罰？

仔細思考過這些問題後，此時此刻你會想做哪些改變，或有什麼不同的做法？

第三章

你是否能安心地有話直說，心口一致？

辨識溝通角色、規則、模式和可能性

在我們家裡，一件事若沒有寫下來並互相分享，就不算結束，不算眞正經歷過。

——林白夫人（Anne Morrow Lindbergh）

我經常遇到夫妻或家中有青少年的家庭前來求診，向我說：「我們根本無法溝通。」常讓我感到啼笑皆非。

保羅．瓦茲拉威克（Paul Watzlawick）是奧地利裔的美籍家庭治療師、心理學家、傳播理論學家與哲學家，他與唐．傑克森（Don Jackson）等人爲家庭系統理論在溝通議題上提供了重要訊息。

瓦茲拉威克等人認爲：

- 一個人不可能**不**溝通。
- 而且，一個人不可能沒有行爲。
- 所有的行爲皆是某種程度的溝通[1]。

早期的家庭治療師維琴尼亞・薩提爾（Virginia Satir），曾在一九七二年寫道：「我認爲溝通是一把巨傘，涵蓋且影響人類之間發生的所有事。一旦來到這個世界，溝通是決定一個人與他人會產生何種關係，以及每個人會發生什麼事的最大單一因素。如何生存、如何發展親密關係、有多少生產力、如何理解世界，以及如何與自己的神性連結——這些全大多仰賴於我們的溝通技巧[2]。」

心理健康的專家普遍相信，如果家庭中有成員不被允許擁有自己的感受並適當地表達出來，個人自尊就會受到威脅。成功的家庭關係取決於良好的溝通，以及解決問題的能力。

大部分的人能在人生早年察覺到，溝通的訊息會藉由語言和非語言兩者進行傳遞。我們知道語調、抑揚頓挫、手勢、身體語言、呼吸的變化和臉部表情，相較於言語本身，可傳遞出更多訊息。在成長過程中，我們都聽過像是「行動勝於語言」和「聽其言，觀其行」這類的話。

我也注意到，我們傾向**不**傾聽自己。我們知道自己說了什麼，卻不知道傳遞出的是什麼訊息。我們往往用非語言的方式暗示自己的失望、憤怒，以及對他人的批評。

薩提爾描述了家庭中成員經常採取的溝通「角色」。在這當中的每個角色，情感的某些面向是被否定的，來源可能是傳遞者本身或是接收訊息者。

薩提爾所描述的角色有下列五種：

①**討好型**：想盡辦法想討好他人的人。通常表現得軟弱或順從。

②**指責型**：非常喜歡批評，令人討厭、隨時準備指責他人。

③**超理智型**：極有邏輯、忽略人情的人。

④**打岔型**：經常在溝通過程中不顧他人感受，採取不切題、顧左右而言他的行爲。

⑤**一致型**：溝通時言語和感受一致[3]。

另一型我想加入的是**強出頭型**，他們**總是**認爲自己是對的。

我經常問大家這個問題：「你比較希望自己是**對**的，還是**快樂**的？」似乎很多人會不自覺地選擇不快樂，也要緊抓住「我是對的」的想法。

大部分的我們都能辨別這些不同的溝通方式。最理想的狀況，當然是所有人都是一致型溝通者。要成爲一致型溝通者，必須能辨識、傳達出自己的想法與感受，同時讀出其他人的想法和感受。

當語言和非語言訊息不一致，訊息接收者可能會感到焦慮，有時不一致的情況甚至極端到令人近乎發瘋。

如果父親以生氣的語氣和陰沉的表情對小孩說「我愛你」，這樣語言和非語言訊息的不一致，可能會混淆甚至誤導孩子。若這種不一致的溝通方式一再出現，便可能讓孩子在情感上遭受嚴重的傷害。

溝通是爲了傳達與接收訊息。傾聽是很重要的，家庭成員是否能認眞傾聽——不只是接收傳遞訊息者說的內容，也包括其中隱含的情緒——決定了他們能體會到的親密程度，而親密程度與個人在關係中體驗到的安全感直接相關。

人們或許經常將性與親密程度畫上等號，實際上，真正與親密程度直接相關的，是我們在關係中感受到的**安全感**。一個人體驗到的安全感程度，會影響他在關係中的滿意度以及自尊。

我父親最喜歡的一句話是：「有話直說，心口一致。」我一直相信這真的是很棒的生活準則，雖然並非所有人都認同。有時，人們確實不怎麼想聽我必須說的話，他們比較青睞這樣的準則：「若說不出好話，不說也罷。」後面這句話有時滿有用，尤其對小事批評或指教時。例如，一位女士評論朋友穿的洋裝不夠漂亮。但說這話有什麼用呢？對方已經穿了，也沒問別人的意見，除非她主動問，否則不說還比較好。

分享自己真實的一面和真實的感受，安全嗎？

你會對我真誠坦白嗎？

人們往往不願意分享重要的想法或感覺，可能擔心讓對方不高興，或者怕自己被拒絕。我深信要做到能帶來建設性影響的「有話直說，心口一致」，需要先具備健康的自我概念。這樣一來，也更有助於建立良好的自我概念。能生活在一個不只允許心口一致，而且鼓勵心口一致的家庭，對家庭成員是一種正向的體驗。若是以眞誠、開放、體貼的方式，有話直說、心口一致，將能促進個人成長、提升與他人的關係；但若是用來傷害或貶抑別人，在個人和關係上就會導致負面的結果。

「你是否能很放心地分享自己的想法和感受？」在伴侶或家庭來找我諮商時，很容易藉由他們對這個問題的回應，觀察出每個人在關係／家庭中的安全感程度。

回答時，我會仔細傾聽他們說的話、觀察他們的語調和非言語行爲。例如，有人回答「是」，但兩眼朝下，而且用很小的聲音回答。這種語言和非語言反應的不一致，很可能就是他其實認爲自己無法放心分享眞實想法和感受的線索。

「家」就是最適合練習溝通的地方

希望我們能確實體驗到親近與親密的溝通互動。我們會在家庭內和家庭外經歷各種溝通形式，非正式的、咄咄逼人的、鼓舞人心的或是親密的，碰到的狀況可能是需要解決問題、罵人，或討論。在家庭外的互動確實會影響我們的自我評價，但通常不如家庭對我們的影響程度。

正是在自己的家庭，我們有最多機會能練習親密的溝通方式，練習如何與他人連結與維繫連結。一旦開始上學，大部分的溝通就將在家庭外進行。希望在家庭裡，我們能分享彼此的希望、夢想、恐懼、悲傷與喜悅。家是我們能在許多不同層次傾聽與回應彼此的地方，若家庭能把這件事做好，家庭成員便較能體驗到安全與幸福的正向感受。

每個家庭都有一套被接受和不被接受的溝通準則，是每位家庭成員都心知肚明的。「小孩乖乖聽話，少出聲」，就是阻礙健康溝通的一個例子。溝通有健康和不健康的方式。不健康的溝通包括破壞性溝通，若表達想法的人想傷害對方，或者希望引發對方的罪惡感，就會被認為是破壞性溝通。以下介紹十五種溝通方法，幾乎總會帶來破壞性的影響。

避開十五種「保證」能破壞關係的溝通方法

①**指責**：「狗會跑出去都是你的錯。」我們大部分人都遇過這種隨時準備防禦的人。我的經驗是，以這種防衛姿態溝通的人，不是不願意負責，就是很怕被指責（或兩者皆是）。所以他們經常採取的策略，是在被指責之前，先一步指責別人，或者當他們感覺自己受到攻擊，就會在被質疑時以指責他人作為回應。

②**貼標籤**：「你頭腦簡單、四肢發達，沒聰明到能做這項工作。」若你

曾被貼過標籤，而且因爲這個標籤被人們下結論，你就知道這有多讓人心理不平衡。以我自己爲例，我現在全白的頭髮曾是金黃色，這輩子數不清有多少次被不認識的人說是「愚蠢的」或「沒腦的」金髮女郎。幸好，我清楚我的智商比他們大部分人高，因此能心平氣和地走開；雖然如此，當下還是有點煩。而在家裡，孩子則經常會被貼上「聰明的那個」「漂亮的那個」「搞笑的那個」「很乖的那個」「不乖的那個」等。

③ **咒罵**：「你眞是個白痴。」來我這裡求診的家人之間，對話出現咒罵的情況似乎越來越普遍。我猜這種情形在社會上，也越來越常見且被接受，「妳這婊子」和「你這混蛋」這類的話語，在電視上甚至不會被審查。若你的本意是想傷害對方，咒罵可能有用；但如果你希望對方聽進、理解你的想法，那麼咒罵就是極具破壞性，且只會不利於結果的方式。

④ **指控**：「你故意讓門開著。」指控是將一個假設性的理由，歸咎成對方做出某事的原因。在上面的例子中，「你讓門開著」可能是事實，也可能不是；而「故意」對溝通而言，是最具傷害性的用詞。在重要關係中對他人

的行爲妄下定論，是很危險的事。

⑤**貶抑**：「眞的嗎？可是你從來沒有做對過。」「你到底什麼時候才學得會用遙控器？」過去十年，我注意到有個詞經常被用在貶抑對話中——帶著嫌棄的語氣說：「眞的嗎？」（暗示對方說錯話或做錯事。）

⑥**恐嚇**：「你下次再這樣，我就走人了。」語出恐嚇，對關係可能造成致命影響。若說出來的恐嚇是隨口唬人（之後沒有眞正被實踐），那麼它們往往會被忽略。持續地隨意說出這種話，可能會對彼此的信任與開放、坦誠的溝通，製造出不安全的空間。

⑦**臆測**：「我知道你這樣做是想報復我。」當說出口的話是在猜測對方的意圖時，就很容易像是在指控對方。我一直很欣賞一句老話，意思大概是：「當你在臆測（assume）時，其實是從『你』（u）和『我』（me）中間製造一個蠢蛋（ass）。」

⑧**命令**：「去洗碗，現在。」命令通常帶有恐嚇的意味。「要麼聽我的，要麼滾蛋。」「不去做，你就給我試看看！」這個「試看看」可能是情感的

拋棄或有以牙還牙之意，像是：「如果你不洗碗，我就不讓你跟朋友出去。」

⑨**不停抱怨**：「我討厭你開車的方式。」（每次上車就說這句話，有時甚至車都還沒開出車庫。）不停抱怨眞的是一件掃興的事。很少人能透過抱怨得到想要的結果，通常只會拉開彼此的距離，更不可能使正向溝通發生。

⑩**保留**：「我不會告訴你我爲什麼這樣。」以保留方式溝通的人，很可能是因爲不想說話。很多來求診的夫妻，是因爲對伴侶的保留態度感到失望或憤怒。採取保留態度的人，很可能是爲了懲罰伴侶，這很可能是個人從過去經驗習得的反應。

⑪**評論**：「你今天很有毛病耶。」（語氣中全是鄙夷。）評論行爲本身，和表達對一個人的評論完全不同。讓我爲上面的例子想一個情境。母親剛目睹先生對兒子大吼，與其攻擊先生，她可以說：「你對兒子這樣大吼，我覺得很難過。這讓我很生氣和傷心。我很在意你這樣大吼對他的影響。我想要你盡可能試著了解，是什麼原因讓你這麼生氣，非得要用吼的。」（注意：小時候經常被父母與其他權威人士斥責，較容易覺得自卑。）

⑫ **防禦性**：「我不會聽你的。」這種破壞性溝通方式，大部分都屬於防禦性。這一項被單獨列出，是因爲它如此普遍，而且自成一格。採取這種溝通方式的人，不一定會用到上述列出的方式。這些人往往在情感上與其他人保持距離。當我在腦海中想像他們時，他們連走路都是「兩手舉在胸前」（their dukes up，這是一句老話，意思是舉起兩個拳頭，隨時準備出拳）。頻繁使用這種溝通方式的人，通常害怕示弱。

⑬ **輕蔑**：「我才不管你要說什麼。」這種溝通方式很常出現在「總覺得自己是對的」的人身上。當你是輕蔑型溝通方式的接收方，很可能會感覺自己無足輕重或沒有價值。和上列的其他溝通方式一樣，這不僅將破壞彼此的溝通，也對接收方的心靈造成極大傷害。

⑭ **消極抵抗**：「我做完這件事就會去做。」（其實完全沒心思去做，只是說些對方想聽的話，好讓他們閉嘴。）若在關係中經常以這種方式溝通，信任感將完全被消滅。

⑮ **說謊**：「我從來沒有讓狗出門過。」（即使你昨天才帶牠去公園！）

和消極抵抗的溝通方式一樣，說謊會削弱信任。在缺乏信任的關係中，人們將極爲害怕必須開誠布公地溝通或表達，因此不可能有親密和坦承的互動。

這些破壞性的溝通方式，很少出現在健康的家庭裡，甚至根本不存在，因此能提供建設性的環境，讓家人放開心胸地分享個人經驗與情感。這樣的家庭鼓勵協商和討論，不同的意見也是被允許的。

在某些家庭，「可談論的事」是有規範的。以言語溝通的事，通常可被歸類爲與某個主題相關、與個人相關，或是與關係相關。家庭是我們最常分享自我與專注關係議題的地方，但是家庭對於這些對話，通常會有可說和／或不可說的規則。

很幸運地，我生長的家庭很鼓勵彼此在共進晚餐時進行有趣的討論。當我回想這些精采的談話，它們幾乎都是與某個主題相關。我們會討論某個外部情況，包括今天發生的事件、歷史、宗教和政治。我們會有許多熱烈的知性辯論，這超有趣的。而且我在這些經驗中學到，我們可以**在彼此有不同意見的情況下，仍然欣賞與喜歡對方**。直到成年後，我才知道這段與家人在餐桌上的經驗，其實相當罕見。

有時，我會請當事人描述一段與家人一塊兒用餐的典型經驗，作爲評估他們在家庭溝通中感受到的親密與安全程度。

我有一位已經成年的當事人，他是家裡十個孩子中最小的。童年時期的他經常錯過晚餐，因爲他總會在放學後沉浸於手邊忙著的事。家中沒有人會提醒或找他吃飯，而是要等他自己餓了去廚房，才發現晚餐已經被吃完，也沒有任何食物留給他。他會開始哭泣，幾個年長的兄姊開始取笑他，結果就是餓著肚子上床睡覺。

光是聽他描述這段家中晚餐的情況，就能幫助我了解爲什麼他會那麼自卑，對其他人的信任感那麼低。

關於家庭餐桌時間的經驗，我會問的問題有：

- 大家是一起還是分開吃飯？
- 大家會一邊吃飯、一邊談話嗎？
- 通常是誰說話？
- 談話內容通常與什麼有關？
- 大家對這樣的用餐經驗，感受是正面還是負面？為什麼？

雖然我認爲我們家的晚餐談話很精采，但這些對話很少是關於自己，或我們的關係（家中成員彼此的關係）。我們從來沒有被告知個人或關係方面的談話是禁區，但這卻是我們都會遵守的「隱性」規則。我們會分享個人訊息，例如「今天我歷史考了A」，但很少越過訊息層面，進入情感的範圍。我不記得曾經聽過任何像是，「我好難過今天的拼字測驗拼錯了兩個字」這類的話。

有些家庭完全不允許情感的表達；也有家庭的潛規則是女性可以抒發情感，但男性不行；或是可以抒發憤怒，但傷心不行。不論哪一種，每個家庭都自有一套可說和不可說的規則，在主導溝通的方式。

是課題還是問題？

談到溝通，我們往往傾向將自己糾結的事歸類爲「問題」。在我擔任心理治療師的早期，有時我會對夫妻或家庭提出的「問題」感到困惑。最後，我終於明白，是我將「課題」（issue）和「問題」（problem）做了明顯的區分。

我們都有課題，人生經常給我們課題。若一項課題被避開或者重複出現，沒有被當事人滿意地處理，就可能變成「問題」。順利地解決關係上的課題，對個人的幸福和彼此間的關係都極爲重要。

讓我舉個例子：有一對年輕夫妻結婚滿三年，來做伴侶治療。很顯然地，他們對彼此感到焦躁，而且生氣。

妻子哭著說：「結婚才三年，我已經覺得被忽視了。他把我做的事都當成理所當然。每天他下班回家，我們就會開始吵架。前幾天晚上他還踢了我們的狗，就是我打來和您約諮商時。每次我都會哭著結束爭吵，然後我們會各自到角落生悶氣。晚餐時我們不會講話，結束後我就回房間看書，他留在客廳看電視。我受夠這種日子了！也許離婚算了！」

我轉向這位先生，我還沒說話，他就開始說：「我也受夠了！我的工作很多，老闆很討人厭。那傢伙眞是笨蛋。家不應該是避風港嗎？但我回到家，腳才剛踏進門，她就開始了。」他繼續說：「那天晚上她又開始說沒意義的廢話，那隻狗飛奔過來跳到我身上，我就斷線了。沒錯，我用腳把那條狗推開。我沒有『踢』牠，眞的。我只是把牠推開。但我當時大叫著，很生氣。接著，當然她也發瘋了！那時我便同意來見婚姻諮商師。」

問題：這對夫妻正在吵架。兩人都不開心，彼此有距離感。

課題被避開了，或者沒有被滿意地解決，結果演變成**問題**。

●課題一：先生顯然需要方法抒發工作上的沮喪，以及對老闆的怒氣。（注意：先生確實持續單獨和一位生涯諮商師處理他與老闆和工作的事。但在伴侶治療中，他在職場的憤怒與沮喪，不應侵擾到夫妻關係，這很重要。）

●課題二：太太在先生進門時就迫不及待地想和他交談，但這對先生而言是個困擾，而非溫暖之舉。（太太是剛搬進新社區的家庭主婦，白天時大多獨自在家。）

●課題三：先生從工作場所返家的銜接過程並不順利，因此擾亂他和妻子的情緒。

一旦釐清這些課題，就很容易解決，讓先生和太太都滿意。這發生在三次會面的時間。

●課題一的解方：我建議先生可以在停車棚前掛一個拳擊吊袋。需要發洩怒氣時，便可以在進家門前花五到十分鐘捶打吊袋。（先生表示他很愛這個建議！小時候他就有個拳擊吊袋。）

● 課題二的解方：當妻子分享自己的感受，先生也確實了解了她的心聲（事實上先生是個非常溫柔的人），他們就能一起想辦法，讓妻子認識更多的人、參加他們的活動。如果妻子能多交朋友或多與其他人聊天，滿足她「與人相處」的部分需要，讓先生不再是唯一提供她人際關係需求的人，就能減輕一些先生的壓力。

● 課題三的解方：從他們第一次的描述可以明顯知道，在先生將注意力完全集中在妻子身上之前，他需要一些回家時的心情轉換。但因爲妻子太急著想和先生交流，以致於先生回家時，沒有給他任何喘息的時間。我和他們一起討論過幾種可能的方法，讓先生在回家時先有段轉換心情的時間。先生說道，他想要在回家時短暫地打招呼式親吻後，進房間換下西裝、整理一下收到的訊息。一旦他有大約十五分鐘的時間做這些事，就能做好準備與妻子共度美好的夜晚。妻子也同意，她能克制一下自己，避免立刻就想和先生在一起，她甚至提議，先生可能會想坐下來看六點的新聞後再開始吃晚餐，一起共度夜晚。先生也對妻子的提議感到開心。

在兩星期後的複診，這對夫妻向我表示，他們不再爭吵不休了，而且似乎對目前的情況非常滿意。不再有人哭泣、大吼、尖叫或想離婚。他們說，現在他們很享受能在一起的夜晚時光。

這個故事告訴我們：

重視你的課題。

在課題出現時就處理。

不要讓課題變成「問題」！

將鏡頭拉遠，把焦點從夫妻擴大到家庭動力。不同文化鼓勵不同的溝通方式，而且對溝通也有不同的規則——明白這點是很重要的。

若是一對年輕夫妻，妻子成長在義大利家庭，先生來自英國家庭。妻子表達情感的方式相當即興且毫不掩飾；先生相較之下，較傾向於壓抑自己的情感，不太表達。兩人可能會發現，自己在與對方交流時，經常感到困惑和沮喪。當兩人有了孩子，孩子很可能會對自己應該或不應該談什麼事，接收到非常相反的「規範」。

這確實是一個課題，但不需要成為一個問題。

人們常說，每對夫妻中的個體都是來自不同的文化。我確定這當中有幾分眞理，畢竟每個人的原生家庭都有不同的溝通方法和規範。然而，差異越是極端，兩人就越需要對彼此花心力**理解**、**尊重**、**協商**與**包容**。

善用十二項健康溝通技巧

家庭的溝通方式以及溝通規範，決定了家庭與其中成員的健康程度。儘管如此，請記得，所有的溝通都是學習來的。意思是，身爲成人，若我們做出**選擇**，每個人都有能力去改變過去習慣的溝通方式。因此，我想鼓勵大家選擇使用下列的十二項健康溝通技巧：

①**專注當下**：交談中注意對方，避免分心於外在事物。

②**眼神接觸**：和對方眼神接觸，告訴對方你正專注於當下，你看見他們了，而且對這次談話感興趣。

③**傾聽**：傾聽不只是聽。傾聽需要留神覺察，意謂著你正專注地聽。不只是聽到，也努力理解這些話背後的意義，這意謂覺察對方的情緒和想法。

④**使用「我」的訊息**：雖然這個觀念多年來已被多次倡導，但它依然是人們最容易忘記的做法。在我的經驗裡，有「我」這個字的陳述，較容易使說話的人被聽見，讓聽者比較不會以防衛或警戒的角度聽對方說話。例如，（情境：先生比他說的時間晚兩小時回到家，妻子正在跟他說話。）妻子：「**你**怎麼搞的？**你**很不體貼耶！**你**可以至少打個電話！」若妻子改成用「我」

的陳述：「**我**很擔心，因爲你好晚。**我**不懂爲什麼你沒打電話說會晚一點。**我**覺得很困擾和煩惱。」

⑤**分享—有回應**：若你想練習健康的溝通方式，**進行溝通**是很重要的！向對方分享與回應。我在治療時見過成百上千對的夫妻，最常見的抱怨就是另一半不回應或不分享。

⑥**直接、及時地處理課題**：不要期待別人讀出你心裡的想法，若有事想讓他們知道，就說出來！在心裡帶著一個課題越久，不坦誠、直接地處理它，將在關係中製造更大的距離。

⑦**擔起責任**：我列出的每一項健康溝通技巧，當事人都需要擔起責任。辨認你的意圖，並且對自己坦誠，例如，你想要表達關心還是想責備對方？你是否只是想被聽見，其實並不眞的關心對方的想法和感受？

⑧**互相合作**：若你眞的嚮往健康的溝通，記住，這是一項共同的努力。一起努力是最最重要的事。

⑨**檢視你的假設與詮釋**：對於這項溝通練習，我怎麼強調都不過分。對

對方傳達的訊息做出不正確的假設，並且對這樣的錯誤詮釋做出回應，絕對是破壞關係的行爲！**請再三檢視**！

⑩ **記住溝通包含了語言與非語言的訊息**：我們不只透過言語溝通，語調、臉部表情和肢體語言同樣在表達我們的想法。覺察你以語言和非語言傳遞出的訊息，也觀察對方的。

⑪ **一致性**：我們對語言和非語言的溝通越一致，就越不會傳遞出令聽者困惑的「雙重訊息」。

⑫ **心存良善**：就像我一位八十八歲好友說的：「很簡單，心存良善。」

培養健康溝通的練習

● 排出時間，彼此對話與傾聽。我鼓勵家人爲「家庭會議」排出時間。夫妻願意一起關心這件事非常重要。

● 堅持每星期至少有幾餐是聚在一起享用。

- 當你想要，或需要進行困難的對談，俗話說得好：時機就是一切。若有人剛好十分疲累，或手邊有其他事在忙，就不是進行重要談話的好時機。
- 在其中一人或大家在進行某項活動時聊天，可以是愉快的事。然而，請記得，當你或某人正在分享重要事件，請務必避免分心。（最好不要在開車時進行重要或困難的談話。）
- 若你希望自己說話時其他人能專注，你也必須專注聽他們說話。
- 練習耐心。

請記得：健康、親密的互動，仰賴的是參與者心思和情感的全神貫注，並且願意分享和彼此傾聽。

辨識你家中的溝通角色與規範

這些問題能幫助你確定家庭在溝通方面，顯然和隱藏的規範。首先，以原生家庭思考下列問題；接著，若家庭組成已經不同，請以你目前的家庭狀況再回答一遍。比對看看這兩次回答的相似與相異程度為何。

1. 家中大人用過最有效的非語言溝通是什麼？
2. 當你還是孩子時，你認為自己說的話有被傾聽嗎？大人是否有確實聆聽你的**感覺**或**想法**？他們什麼時候比較不會聽你說話？你如何適應這種經歷？
3. 你們家是否有誰總認為「我是對的」？你是否也經常從「我就是對的」的立場待人處事？
4. 你對爭論和衝突的信念是什麼？你的父母是否會在孩子面前爭吵？

這對你有什麼影響？

5. 你認為你的家庭比較主動與開放？或者比較僵化和封閉？為什麼？

6. 你的家庭通常如何解決問題？誰會帶頭討論？誰被納入討論？誰會拿到「贊成票」？

7. 你的家庭如何激勵成員？是讚美、處罰還是恐嚇？這種激勵方式對你的自我評價造成什麼樣的影響？

8. 你的家庭如何運用幽默？這種方式是增進還是干擾了健康的溝通？

9. 你們的談話焦點通常是什麼？是與某個主題相關？與個人相關？還是與關係相關？

10. 你的家庭是否會在課題變成問題之前，就先一步處理它們？你是否能想到一件若課題被及時處理，就不會變成問題的案例？

11. 你的家庭目前的課題是什麼？它被大家避而不談，還是試圖解決？在你的家中，「討論」是被鼓勵還是被阻止的溝通方式？

12. 聽聽自己的語氣。（最好的方法是錄下自己參與討論的聲音，播給自己聽。）你的聲調是高還是低？是愉悅還是嚴厲？是大聲還是溫柔？其他人對聽你說話的感覺如何？（尤其在你心煩的時候！）

13. 哪一項破壞型溝通法在你家最常見？你最常使用哪一項？（請記得，覺察是改變的第一步。）

14. 你認同哪一項健康的溝通技巧？你願意更常使用哪幾項？去執行吧！

第四章

家人最適當的親密程度

平衡家中獨立性和連結性的藝術

快樂，是在另一個城市裡，有充滿愛、關心與緊密連結的大家庭。

——喬治・伯恩斯（George Burns）

我祖母曾與我分享她最喜歡的一段話：「我們只希望送給我們的孩子兩項持久的傳家寶：一項是『根』，另一項是『翅膀』。」

我把這句話牢記在心，甚至在生下三個兒子之前，就很清楚這是我的目標。在進入幼兒教育系後，我開始學習兒童發展理論與最佳的教養方法。我很清楚，提供孩子環境安全與心中安全感的重要性，這能讓孩子成爲健康、獨立、正常生活的成年人。後來，隨著我在心理學與家庭治療領域的持續研究，我對這方面有了更多理解。

英國家庭治療師約翰・拜恩—霍爾（John Byng-Hall）曾說：「若父母能說出自己在孩童時代被安慰，以及得到支持而能獨立的故事，他有很高的機會能得到安全依附的孩子……相反地，若父母對自己父母的教養方式充滿怨懟，覺得他們很不可靠，他的孩子可能會缺乏安全感的依附[1]。」

「依附」可以被想成是個體之間的情感連結。這些依附連結很重要，因爲它們可以作爲生存機制，而且經得起時間的考驗。一個人對自己世界裡重要人物的依附，尤其是關係親密的人，將高度影響他的安全感程度。

拜恩—霍爾的話，說明了數個世代以來，家庭系統經歷的模式。很重要的一點是，最近幾十年，神經生物學家有證據顯示，個體的人際關係，是生物生存的核心。

當我就讀研究所，鑽研幼兒教育與發展的學位時（這件事是在我就讀更高階的諮商心理學之前），我就很清楚早期人際關係的巨大影響力，尤其將影響個人能否在世界上培養出安全感。所以，當約翰·鮑比（John Bowlby）探討大人與小孩的依附關係重要性的著作上市，我非常開心。約翰出版關於依附理論的書是無價之寶[2]。家庭治療師早就注意到個體對他人依附的重要性，以及這種依附將影響個人對於活在世上的自我評價與定位。

現在，我們了解依附的過程與生物學緊密相關，尤其是神經生理學。丹尼爾·席格（Daniel Siegel）是當代的精神科醫師與作家，專長是人際神經生物學。席格主張，身體以人際歷程表現出一種集體智慧，這些歷程包括了各種經驗、情感、意義、記憶與行動的神經生理學的相互影響[3]。

我相信，這個過程在我們出生前就已經開始了。畢竟，我們出生時就**依附**在母親的子宮裡。

但依附不只是身體經驗，也是情感經驗。孩子會在家中學習到他人是否值得信任？是否能支持自己的情感需要？表現出自己脆弱的一面是否安全？隨著我們逐漸長大，這些經驗將轉變爲與關係有關的信念。這些信念爲我們與伴侶、孩子的關係塗上期待的色彩。我們是否能與伴侶建立安全依附連結，與孩提時代是否擁有足夠的安全感直接相關。

一個人的自我價值感與自我認同，絕對會影響建立個人特質、是否足夠獨立，以及維繫與他人連結的能力。

有些家庭支持「獨立性」和分離，有些則支持「連結性」。家庭親密或分離的程度，不只取決於家庭型態，也取決於家庭的發展需求。尙有年幼孩子的家庭較需要連結；隨著孩子成熟長大，家庭則漸漸鼓勵孩子發展個體化和獨立性。在健康的家庭中，分離與連結會**同時發生**；在分離的同時，也能感受到彼此間的**健康依賴**。

親密與分離，在本質上沒有好壞之分，而是取決於親密或分離的**程度**，以及對家中成員的影響，決定這樣的關係究竟是否健康。

例如，我有些朋友仍會每天和成年子女通電話，這似乎對他們雙方都有好處，因爲他們彼此都喜歡天天聯繫。但是對一些人來說，可能這樣的緊密聯繫實際體驗起來沒有這麼正面。其中一方或者雙方，都有可能對必須每日通話感到負擔或厭煩。這不是一體適用的通則。對家中某位成員來說行得通的事，不一定適用於另一位家庭成員。

在上面的例子中，我僅指出互通電話的兩個人。如果他們不是家中唯二的成員，其他的家庭成員就可能會受到他們每天通話的影響。成年子女的伴侶，可能會不喜歡另一半每天花時間和母親通話；成年子女的姊妹，也可能對家中另一個女兒和母親「這麼親密」感到嫉妒，但也可能覺得鬆了口氣。

當家中的兩人或更多人，分享了一段其他人沒有的「親密感」，整個家庭系統就可能會產生某種緊張。家中一個孩子與父母其中一方較爲親密，另一方可能會覺得嫉妒或心理受傷。這種情況，在完整家庭或重組家庭都會發生。更常見的是，繼父或繼母覺得「被冷落」。當孩子與繼父或繼母感情親密，親生父母可能會感到嫉妒或欣慰，或兩者皆具。當孩子與繼父母感情越好，甚至勝過親生父母，他們可能會覺得困擾或大受打擊，但也可能感到如釋重負。很顯然，不只每個人的反應會不一樣，在同個人身上的反應，也可能因不同情境、年紀與人生發展階段有所不同。我們永遠需要不斷協調關係中的親密與距離感。

連結性與人生發展週期：何時該放手？

大約從孩子兩歲開始，「關係的連結需要多緊密？」這樣的疑問已經浮現。對一些孩子來說，學習走路開啓了他們個體化的過程，開始體驗成爲一個獨立的人，會想自己走出去探索世界，只要回頭時能看到父母就在附近。有些孩子會回頭討拍、親一下，或只是回來「摸摸本壘」；有些孩子只會移動幾呎遠，他們想要，而且需要父母永遠都在伸手可及之處。沒有對錯，每個個體都有自己的渴望、需求，以及展開個體化需要的時間。

若是這個發展階段出現問題，更有可能與父母相關。父母能否忍受孩子跑過半個院子去抓一隻小鳥？父母會不會立刻跳起來跟著，或者把孩子叫回來？或者，父母不喜歡走不遠的小孩？

往後快轉到青少年時期。這經常是家庭發展生命週期中，自主性和個體化課題最艱難的時刻。大部分的父母，對於不可避免的權力衝突多少有所準備：一邊是想要更多自由的青少年，一邊是認爲孩子還未成熟到足以駕馭更多自由的父母。相較於毫無準備的父母，已經在家裡建立清楚層級權威，而且根據孩子不同人生發展週期訂定適當規範的父母，較能輕鬆跨越「教養青少年」這塊往往崎嶇不平的領域。若是家庭較爲開放、有彈性，這條讓青少年過渡到接近成年的路程，就能走得比較順利。

接著，家庭會面臨將年輕人「放生」的階段。據我觀察，過去十年，這已成爲家庭生命週期中更困難的一段時期。統計數據顯示，越來越多年輕人，從高中或大學畢業後繼續住在家裡。造成這種情況的原因通常是財務問題。一般的價值觀是，成年人需要找工作開始獨立生活；然而，這對現今許多年輕人來說相當困難，因爲他們的薪資負擔不起高昂的生活費。

有些成年孩子還住在家裡，是因爲財務以外的情況。有一種可能，是已成年的孩子對於允許自己成爲獨立個體還不夠有把握。另一種可能，是父母雙方或其中一人不願意眞的將孩子「放生」，但讓這種情況發生的父母，通常是出於無意識，而非刻意爲之。

也有些情況，是成年子女選擇與父母雙方或其中一人共同居住。這不是放生失敗，可能是個別成員爲了讓家庭健康運作的選擇。關鍵是，這樣的安排是否對所有家庭成員有益，而不會讓任何一個人犧牲自己的渴望與需要。

連結性與大家庭：家族聚會讓人痛苦？

在「連結性」的課題中，同樣重要的是家庭成員願意「花多少時間與其他的大家庭成員（像是姻親）相處」。對每一位參與的家庭成員來說，每個禮拜天晚上固定在媽媽家吃飯，帶來的是正面、中立，還是負面的感受？

我記得爸爸、媽媽、弟弟、妹妹和我，會在夏天的每個星期日晚上，去祖母家和叔叔、姑姑與三個堂表兄弟姊妹一起烤肉。這個活動從我小時候就已經開始，持續到我高中畢業。我對這個聚會總是充滿期待。對我來說，大家聚在一起十分地歡樂、有趣。我從來沒有聽爸媽或手足抱怨過要去祖母家。

但當我成爲家庭治療師後，很快地，我知道不是每個人都像我一樣，對固定的家族聚會抱持正面的看法。我曾聽過有人將「表現出對參加家庭聚會的期待」，形容成「奉命演出」。我知道，家裡會有人認爲他們是「被要求」參加這種聚會，而且對此感到厭惡。這樣的狀況並不罕見。

我記得一個令人驚訝的例子，是一位六十多歲的婦人，當時她的先生不久前才過世。她和我說，她討厭孩子期待她爲了每個星期天晚上固定的家庭聚餐，去採買和料理食材。這是我第一次聽到有母親或祖母，對家庭傳統表示厭惡。在此之前，我只聽過成年子女或孫子女，對於被期待參加這類聚會感到厭煩。

每當有當事人表達出對家庭聚會的負面觀感，我的目標就是幫助他們了解感覺背後的原因，以及去選擇體驗不同感受的可能性。通常這需要當事人去改寫他們告訴自己的故事。假設，一位青少年向我抱怨每個星期五晚上去祖母家有多無聊，我會鼓勵他想想，除了無聊之外，他還感受到哪些反應？一開始我會問他，每個星期五晚上的聚會，是否有一些時刻不覺得無聊？是否可以用那些經驗來建立一些新的、較正面的故事？或者，他是否可以從那些事，想出任何可以讓自己出席家族聚會，卻不無聊的方法？他想在家族聚會中體驗到什麼感覺？如何增加那種感覺？

一旦成功探索個人的內在反應，接著，我會鼓勵當事人與其他參與者嘗試可能的對話，同時實驗自己能改變的行爲，或許可以改善他們在關係中的「連結性」課題。

毫無疑問地，從過去到現在，家庭的分離性與連結性，一直都受到整體社會環境的影響。過去的大型農業社會，家庭成員通常就住在附近的鄰里；但在現今社會，家庭成員們往往相隔遙遠。科技當然有助於我們保持聯繫。我很感謝可以用 facetime 與住在其他州的孫子聊天。我記得在我長孫大約十四個月大時，除了親自探望，我們不久後又在 Skype 上相見，那時他還一度想爬進螢幕裡讓我抱抱他。當時我十分感動，但也愣住了，因爲沒有任何事物能與面對面互動一樣眞實。能聽得見、看得見很好，但缺少了五感中的嗅覺，以及眞正有體溫的觸碰，也確實是一大損失。

科技也許能幫助我們保持聯繫，但也可能淡化聯繫與親密性。手機、iPad、筆電與其他科技產品，不知不覺製造了人與人之間的距離，即使使用者未察覺這種現象正在發生。

多年前，有對四十多歲的夫妻與我面談。他們說，他們在家的主要溝通形式是簡訊。我簡直嚇呆了。當下我就明白，爲了創造更融洽的溝通方式與親密關係，他們確實需要思索，自己究竟願意爲對方付出多少。

自主與個體化：成爲眞正的自己

自主、個體化，以及離開原生家庭，是每個人內心不斷進行的過程。我確實見過一些七十多歲的老人，還持續以兒童時期接受到的訊息和信念過人生，而這正是阻礙他們成爲眞正的自己的原因。

曾有位七十二歲的老太太，在先生過世不久後來求診，以尋求支持度過喪夫之痛。經過幾次的面談，她和我分享自己一直想前往法國旅行，但先生對離開美國去其他國家不感興趣，所以她一直將這個願望放在一旁。當我們談到她想如何開創人生的下一章，她開始探索去法國旅行的可能性，剛好，當時她有位女性朋友，正鼓勵老太太加入她的巴黎行。

但老太太說，自己正處於極大的焦慮之下。當我們一起深究她的焦慮，她回想到一個在她年紀很小時從父親那裡得到的訊息。她的父親曾參加二次世界大戰，是美國軍隊參與法國諾曼第登陸的一員。她的父親在那次的經歷遭受巨大的身心創傷，他曾說自己此生「絕對」不想再踏上法國的國土一步。莫名地，老太太將父親的恐懼和訊息深深烙印在心裡。

我們共同的任務，就是幫助她發現與宣告自己的信念。後來，她終於能將「自己的」信念，與她放在心裡其實「屬於父親」的信念區分開來，順利消除焦慮，和朋友去了巴黎。之後她和我分享，她極爲享受這趟旅行，也正在計畫更多海外之旅。

在所有伴侶和家庭治療的課題中，「關係的連結需要多緊密？」一直是問題清單的前幾名。

每個進入夫妻關係的個體，身上都帶著自己的分離與連結性課題。在彼此的關係中，能承擔多少與對方、與自己，以及伴侶原生家庭的連結？對多少程度的分離與連結感到自在，往往取決於自己從家庭情感體系中，獲得多少程度的自主與獨立而定。

稍早提到的家庭系統理論的建立者之一——莫瑞．鮑文，對這個領域的其中一項重大貢獻，是提出「自我分化」的概念。他將「分化」定義為：與原生家庭分離，發展出的個人情感與心智功能運作能力，以實現獨立、成熟，且不失去與他人的情感連結。

莫瑞假定，自我分化的程度越高，自我認同就越穩固，較不會發生以犧牲自己的渴望和需求，換取他人的愛與接納[4]。相反地，自我分化程度越低，越無法成為眞正的自己，或感覺到眞正的自己；也就是說，無法與自己建立眞正的關係！

一個人必須能與自我連結，才能切斷其家庭的情緒反應。透過與家庭情緒反應的分割，才能自由地**選擇**如何反應與如何感覺。

情緒反應

當我們不再能改變某種情況，
我們便得挑戰改變自己。
任何東西都可以被拿走，除了一樣：
人類最後的自由——
在任何情況下，
選擇自己的態度，選擇自己的方式。
在刺激與反應中間，有一個空間。
那個空間中，是我們選擇我們的反應的力量。
在我們的反應中，存在著我們的成長與自由。

——獻給維克多・弗蘭克[5]

鮑文認爲，家庭是一個情緒系統，包括目前的同住家人和整個大家庭，生者與亡者都涵蓋在內。他相信所有的成員——參與或缺席、存或歿——組成了這個情緒系統。他也相信，前一代的家庭情緒系統仍存在於目前的家庭中。他將之稱爲**核心家庭情緒系統**。

每個家庭都在尋找它最舒適的距離，允許成員各自發展個體化，而非在身體與心理都連在一起。當個體感受到以不健康的方式「黏在一起」，連結性就將成爲問題。鮑文稱此爲「情感融合」（fusion）或「糾結」（enmeshment）。「情感融合」是指與另一個人的融合程度，導致嚴重失去自我。

身爲人類，我們生來就有與他人保持連結性的需要。努力成爲自主個體，與追求和他人連結性的驅動力，加深了個人與家庭的壓力、緊張和焦慮。個體化與連結性的拉扯將不斷持續，我們必須一再地進行調整。

我們嚮往什麼程度的親密感？
我們想與他人多麼親近？
我們能承受多少程度的連結和疏離？
我們需要獲得多少程度的認同？

如我先前提到的，鮑文的自我分化，牽涉到個人在一段關係中，區分自己與他人感覺和思想的能力。「個人的情緒反應」就是其中一項關鍵因素。當然，在每段關係中，感覺和情緒都是令人嚮往的。一段關係怎麼**可能**沒有感覺和情緒？即使如此，在關係中製造出最多痛苦的，也正是情緒和感覺。

情緒上如何反應與回應，是個人能夠達到何種分化程度的關鍵。若能明白自己擁有選擇回應感覺的不同方式，而不受情緒本身驅使，就比較不會被情緒控制，能達到較低度的情緒反應，成爲自己的執行者。能以自己的方式與他人建立連結，並以經過思考沉澱後的情緒做出回應——而非立即表現出

反應。

身而為人，我們具有感覺與思考的能力。要充分發揮潛力、對成為自己這件事充滿自信，學習劃分（即分化）感覺與思考極為重要。一個健康的、高程度自我分化的人，會跳脫自己的觀點縱觀全局，承認與擁抱自己的感覺，但不會**立即**做出反應。他們會對自己想要什麼、感覺如何，以及**選擇在這個情境下如何回應**，做出有意識的決定。

這裡的重點是**自我**，以及個人的情緒回應；它不是仰賴他人的。其他人對於這些反應可能同意，可能不同意；可能理解，可能不理解；也可能決定改變行為，或不改變行為。我們必須放棄這樣的想法：以為自己的工作是讓別人同意、理解或改變行為，將自己的安好建立於他人的行為之上。

健康的、分化程度足夠的人，會知道如何撫平自己的情緒反應與維持和他人的關係。（除非這麼做不安全。若有情緒或肢體凌虐的情況，選擇維繫關係使自己身陷險境是不智的。有些關係是有毒的。在這種情況下，脫離往往是最佳選擇。）

在一個人情緒低宕時，要在關係中讓情緒隨時「在場」，是很困難的。有時候必須與他人維持一些距離，才能平靜下來。然而，維持距離的時間太久，又將危及關係。距離可能導致情感關係被切斷。

人與人之間有很多種製造出距離的方式，缺乏溝通、藥物濫用、外遇、過度工作，這是一些人們常見的，創造出距離以降低相處焦慮的方法。太遠、太近都將導致關係失常。在夫妻和家庭中，彼此連結的程度會視許多不同因素變動，沒有一定的標準。

過於親近

當家庭正在經歷高度壓力，成員很可能增強連結，以減輕隨著改變帶來的焦慮。這樣的連結性可帶來安慰的作用，而且能為有需要的家人提供支持。

然而，若這樣的高度連結持續下去，發展到情感融合或糾結的程度，很可能對家庭系統中的一位或多位成員造成負面影響。情感融合或糾結，會發生在家庭成員將他們的心智功能與情緒自我混在一起的時候。

我曾遇過一位二十三歲的年輕女孩來求診，她說自己極度憂鬱且失去動力。當我們談到家庭史，我得知她兩年前剛返家。當時她就讀大學二年級，決定回家與家人團聚，卻面臨母親罹癌即將不久人世。她的母親在六個月後過世，全家人都很哀傷。她的哥哥，也是她唯一的手足，在母親去世後一個月，回到其他州的研究所繼續未完成的學業，父親也返回工作崗位，她則留下來陪伴父親，生活重心變成照顧父親。她的任務變成整理家務，做母親先前的工作。這樣的情況持續了兩年，她得了憂鬱症。

剛開始，我的診斷是她仍受未解的喪母之痛。然而，不久後發覺我遺漏了某件事。我邀請她的父親參與會談。當我聆聽父女倆的討論，我發現父親一直傳遞給女兒混淆的訊息。表面上，他傳遞出的訊息是：「回大學去，過妳年輕女孩的人生。」但隱含的訊息卻是：「我好想念妳的母親，無法自己獨自生活。」但這甚至連他自己都沒有察覺。

這個家庭在母親最後的日子和去世時，聚在一起相互支持，時間點很恰當也很正面。但在後來，女兒出自對父親的愛、同情和忠誠犧牲了自己，對她的情緒和心理健康造成損害。父親沒有注意到，女兒選擇留在家裡陪伴他，正在讓她失去自我，也失去她對未來的夢想。

我設法支持陷在哀傷中的父親和女兒，幫助他們從已發展出來的糾結中分開。女兒回到校園。我繼續爲父親提供諮商，支持他爲自己創造新的生活，同時尊重他對妻子的愛。這裡的情況是，人們經常在失去所愛之人後難以往前，是因爲他們誤以爲向前走會削減對逝者的愛。哀傷治療（grief therapy）是導引與支持人們走過悲傷的過程。

在糾結的家庭，成員們會過度干涉且極度互相依賴。若有某個成員試圖離開，其他人就很可能焦慮上升。孩子通常被視爲成人的延伸。每個人都把每件事往自己身上攬。如果一個孩子出了什麼問題或犯了錯，父母會認爲這反應出他們的問題或錯誤，造成父母過於聚焦在孩子的行爲，以及這些行爲將如何在社群中反饋回他們身上。

糾結的家庭會過度保護，甚至令人窒息。其中的每個人都必須有相同的理念，否則這個家庭會覺得受到威脅。在糾結家庭系統裡的孩子，較可能認爲發展清晰的自我感是困難的。孩子會覺得，要分離出自己和父母的想法和感受很不容易。他可能會面臨高度的壓力，因爲家庭決定了他的情緒，導致他並未覺察自己的內在經驗，想法是他人告訴他去想，感覺是他人指定他去感覺。在與他人建立關係時，他可能會過於依賴，很可能缺乏自信與自立精神。而他若是反叛，其他家人（通常是父母）可能會產生憂鬱或焦慮，造成父親或母親（或雙親），進而「選擇」另一個孩子或個人，作爲新的關注焦點。

過度疏離

有些家庭過度疏離，家庭裡每個人大多專注於自己的事，家庭成員都很孤單。他們不一起共度時光、不分享想法或感受，導致他們往家庭之外與他人建立連結。

若父親、母親或雙親都不參與教養，孩子很可能會缺乏安全感、感到孤單或自卑。而其實父母也往往正經歷相似的情緒。雖然少見，但也有可能孩子會因此快速發展個體化，學到傾聽自己內在的聲音。然而，他往後的人生可能很難與其他人建立深厚且健康的連結。他可能會因為害怕親密關係，而選擇淺薄與表面的關係。

一條健康的發展道路，能讓孩子成為情緒獨立的人，有自己的想法、能體驗自己的感覺，且仍與家庭保持情感連結。健康分化的人，能開放且誠實地理解他人，並對自己的感受、思想和行為完全負責。

個體化與「黏在一起」之間的平衡大多取決於父母自身的個體化程度，以及他們各自維繫家庭情感連結的能力。有些人發現，他們唯一可以做到分離的方法，是與原生家庭保持距離。他們可能選擇暫時保持距離，也可能永遠保持距離，選擇切斷與家庭或特定家庭成員的聯繫。

實體的**斷聯**，會發生在至少一位家庭成員選擇不再參與任何目前可見的互動。斷聯有可能發生在實體或情感層面。情感層面的斷聯更難處理；一個人可能住在兩千英里外，長達數十年避免任何接觸，但情感上仍對家庭有所回應。實體的斷聯可能是個人欺騙自己已脫離家庭的一種方式。然而，俗話說：「不論身在何處，我還是我。」即使一個人停止與家人聯繫，內心還是會惦記著他們。我們欺騙自己，以爲我們眞正解放了。

鮑文提出了「多世代移轉過程」（multigenerational transmission），在這當中，一個世代可能會將一種情感歷程傳遞到下一代。鮑文相信，家中的斷聯會一代代重演，除非未解決的衝突能被好好處理。在進行中的關係裡，斷聯模式是暫時的辦法，無法解決因極度緊張所引發的焦慮。

當我還是年輕的家庭治療師時，我認爲自己應該幫助與家庭斷聯的人重新連結。雖然我現在依然相信，這在許多案例中是最佳選項，但我知道，有時候保持距離或斷聯才是健康的選擇。有些關係的毒性過高，或者對生理或情緒有傷害，需要靠斷聯來自我保護和療癒。身爲治療師，我的工作是幫助當事人離開只能立即反應情緒的狀況，去一個有選擇的地方，擺脫立即的情緒反應（這不容易，但是一個有巨大回報的嘗試）。

將自己從情緒反應中解放，並不表示不能有同理心。這經常令人感到困惑。對某些人來說，從同理心中逃脫，是他們個體化過程的一部分。這些人相信，照顧、關心某人，意謂他們「有責任」照顧這個人或情況。要順利發展個體化，改變這種錯誤的信念十分重要。

在與許多有吸毒或酗酒成員的家庭合作時，我經常遇到破壞性同情，對抗健康性同情的課題。這些成員關心、在意他們成癮的家人，因此傾向於停留在「解救」模式，這是破壞性同情的例子。當他們多次遭遇「營救」失敗，很可能被拖引至「放棄」，或者更積極的搶救。對許多人而言，「放棄」不只意謂放棄屢次失敗的救援行動，也意謂放棄對成癮和對這種情況有感。經過時間的沉澱，我希望他們可以停止嘗試伸出援手，但仍要對自己和成癮的家人懷有健康的同理心。

連結性與獨立性的平衡

人類需要關係才能活下去。

一旦我們來到這個世上，便得依賴他人才能存活。我們需要他人在生理和情感上的照顧。我們在生命早期經歷的連結，就是未來人際連結的關鍵。我們需要關係的「連結性」，不只是因爲要活著，也因爲要茁壯。人都需要連結，並與生理、情緒健康，以及我們一生體驗到的人際健康有高度的關聯。如羅伯特．沃爾丁格在二〇一六年的TED演說「哈佛成人發展研究」中所說：「預測人們將如何老去的不是他們的中年膽固醇指數……而是他們在人際關係上的滿意度。在五十歲時對自身人際關係最滿意的人，會是在八十歲時最健康的人[6]。」

如先前所述，健康的發展之路，能讓孩子成爲情緒獨立的人，擁有自己的思想、能體會自己的感覺，且仍在情感上與家庭有所連結。

當一個人成爲更爲個體化的成人，他的任務變成：他需要多高程度的連結性？和誰連結？頻率如何？

★多少的獨立和連結是適當的？

在你的成長過程中

1. 在你成長的家庭中，家人會一起用餐嗎？你喜歡這樣的模式嗎？你想有所改變嗎？
2. 你的家人會在用餐或開車時互相聊天嗎？你覺得自在或不自在？為什麼？你喜歡有什麼不一樣嗎？

對於下列問題，請以1～10分為你的原生家庭評分。1分表示幾乎總是分離（疏離）；10分表示總是一起（親密）。沒有對錯。這只是幫助你評比過去的經驗，以及可能想要的改變。（根據你的觀察和經驗，想一些形容詞形容你的家庭。你是否感覺到溫暖、關愛、情感距離、實際距離、窒息、冷淡、不屑、衝突或愛？）

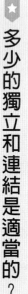

3.你對父母在獨立性與連結性的關係評幾分？與你和重要伴侶的關係相似還是不同？

4.你母親與父母親間的獨立性和連結性如何？你和母親的連結性如何？與外祖父母的連結性如何？

5.你父親與父母親間的獨立性和連結性如何？你和父親的連結性如何？你與祖父母的連結性如何？

6.如果你有兄弟姊妹，你和他們每個人的獨立性和連結性程度如何？這如何隨著時間變化？

7.針對成長家庭的獨立性與連結性，你會如何為整體經驗評分？這樣獨立性與連結性的程度，你覺得好嗎？

現況思考

1. 你會如何為目前與原生家庭成員相處時的獨立性與連結性評分？你對這個分數是否滿意？

2. 你會如何為自己與原生家庭成員情感連結間的獨立性與連結性評分？你對這個分數是否滿意？

3. 過去的分離（疏離）與連結性（親密）經驗，如何影響你目前的人際關係？

4. 你曾否試圖複製家庭中的獨立性與連結性模式，或者你曾否試著改變？

5. 對照原生家庭，你認為自己該給予孩子較多或較少的自主和自由？

6. 與原生家庭的關係模式，是否正影響你的友誼或其他關係？

認識這些關係的模式，能幫助你更有彈性和建設性地決定你想為自己建造何種關係——而且如果你有孩子，或者經常同理年輕一輩的家人，這就是你想為他們示範的同理精神傳承。

第五章

家庭中的三角結構

家庭三角系統

想想，要一張只有兩隻腳的椅子保持平衡有多困難？但只要加上第三隻腳，三角結構就能讓椅子更為穩固。在家庭中，要達成穩定所須的最小單位，就是三個人。家庭當然會有發展性和情境式的壓力源，因此，三角結構發生在家庭系統中的功能，就是試圖平穩整個家庭系統，既非好事也不是壞事。

大部分家庭治療師，需要處理的其中一種關係互動模式，就是三角關係。莫瑞．鮑文與其他的系統理論家主張，當家中有兩人間的關係太近或太遠，就會使兩人組中的一人，或雙方都產生焦慮。此時，會傾向加入第三個人或事物，介入形成三角系統以減少焦慮，試圖穩定這個家庭系統[1]。

健康的家庭系統，能促進成員的成長與發展。健康的家庭系統能**為成員提供養分**；不健康的系統反而將使成員為了系統犧牲，甚至可能傷害他們的成長與發展。因此，若是三角系統中的一或多人，無法獲得安全、保護，或個人與關係方面的成長與發展自由，這個三角系統就是有害的。

三角系統可能發揮功用，也可能失能。足以發揮功能的三角系統，通常作用時間很短，但能幫助家庭穩固下來。通常，這些三角系統包括一或多人，在一段時間內，在家中扮演不同的角色。

在我第三個兒子誕生時，婆婆來家裡住，幫忙了一星期。她接下煮飯和照顧另外兩個孩子的工作，也幫忙照顧小嬰兒。因爲有她的「卡位」——做了「母親的工作」，讓我得以安然度過這個生命發展與過渡的階段。且由於生產時我得了肺炎，自己也需要被照顧，因此我和其他家人、朋友的聯繫——除了小孩和先生——幾乎都是透過婆婆。婆婆階段性地加入我的三角系統，直到我恢復體力。因爲婆婆的協助，讓我得以穩固和先生、兩個大孩子、新生兒，以及朋友和鄰居的關係。

典型的家庭系統理論者，傾向將三角關係以「紅旗」警示。因爲在大部分的情況中，以三角系統來穩定兩人關係並不是最好的方式。原因是，這很可能表示其中一方或雙方，是在藉由第三個人或事物轉移注意力，而非眞正著手解決兩人間的關係課題。這樣一來，問題不僅沒被解決，加入三角系統的人，還可能受到情緒與心理的傷害，尤其這個第三人若是孩子。

有孩子在內的三角系統

若兩人組是一對有孩子的夫妻，孩子就會成爲三角系統中的明顯目標。一或多個孩子可能被帶進三角系統（如圖5.1），以模糊當中的婚姻問題，或是因教養課題加劇婚姻衝突。

包含孩子的三角關係有幾個常見的主題，是我多年從事家庭諮商重複思考的問題。

我遇過最常見的三個主題是：

1. 孩子成爲安慰者、調解人，或救援者。
2. 孩子成爲父母（身兼父母職的小孩）。
3. 孩子成爲關注焦點（有行爲問題的孩子，或是在情感、心理和／或生理上生病的孩子）。

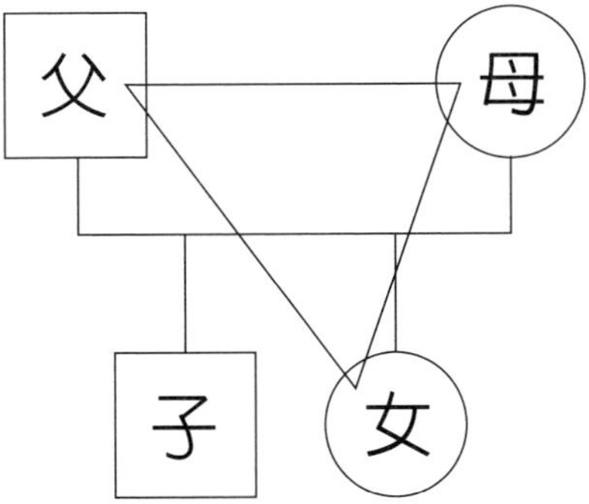

圖 5.1 父母 / 孩子三角系統

以下提供不同主題的實際範例。

1. 孩子成為安慰者、調解人，或救援者

露絲經常在拜訪母親和繼父後來找我面談，說她感到十分焦慮和憂鬱。她很困惑爲何自己每次拜訪他們，都會出現**同樣的**心理壓力。雖然每次見面的情境不太一樣，但產生的壓力卻都相同。

場景① 早晨，三人在餐桌旁。

母親對繼父說：「你可以幫我倒杯咖啡嗎？」

繼父（正在看報紙）：「等我看完這篇文章。」

母親：「喔，拜託！」

繼父：「妳自己拿。我又不是妳的僕人！」

（露絲覺得煩亂。她想解決這個煩亂的情境，所以選擇進入這個三角系統，試圖化解兩人的爭執。）

露絲：「好啦。媽媽，我幫妳倒咖啡。」

母親：「不要幫他！我每次請他做什麼，他都不想做。我覺得妳愛他比愛我還多！」

（母親怒氣衝衝地走出餐廳。露絲覺得很糟，她只是想幫忙！）

想想，你有多少次聽見自己或某人說「我只是想**幫忙**」，卻莫名其妙地發現，只是想幫忙，最後卻落得感覺**很糟**？

場景②　母女倆去賣場採買。繼父打算在她們回家前備好晚餐。

出門時，露絲不在附近，沒聽見繼父對母親說話。

繼父：「妳可以到蔬菜區爲我們的沙拉買幾顆新鮮番茄嗎？」

母親：「當然可以。我們六點前回來。」

（五點四十五分：女士們回到家，但沒有番茄。）

繼父：「番茄呢？」

母親：「喔，我忘了。我們的沙拉可以不放番茄。」

繼父：「我花一小時爲我們全部的人準備晚餐，而妳連番茄都沒買！」

（他把抹布扔在一旁，背對她們。）

露絲（想來救援）：「我趕快出去買番茄。」

（她買到番茄了。晚餐氣氛很僵。母親與繼父都不說話。露絲試著開啓話題，但再次感到焦慮。）

當相似的情況一再發生，露絲如何陷入這種安慰者/救援者模式的？很可能是她的其中一位父母或雙親，在爭吵中將她劃進了三角系統，而她試著擔任救援者以化解爭執。在她還是孩子時，就接受了調解人的角色，調解人往往也肩負了救援的任務。

在治療當中，我們深入探討露絲的焦慮，發現與她努力降低父母間的緊張氣氛卻往往徒勞無功有關。她也開始注意到，自己在與父母相處之外的場合，似乎也重複著調解人和救援者的任務。

一旦露絲察覺到自己在調解人與救援者的角色，就能理解自己可以**選擇**

繼續這個角色，或者卸下它。但離開前有個關鍵：認清自己不需要對父母的關係負責。在露絲能區隔自己與父母的感受之前，她必須學會在感受到父母間的緊張氣氛時讓自己平靜下來，並且明白自己不必為他們「調停」。

露絲是成年人了，她是自願加入這個三角系統的。然而，她卻是從孩提時代就被捲進這個系統。通常是成年人把孩子劃進三角系統，而一旦被網羅，要掙脫便很困難，需要有做出新決定的覺察和意願，以及為了脫離家庭三角系統而採取積極行動的勇氣。

孩子被父母拉進三角系統並不罕見，尤其是想要孩子扮演調解人或救援者角色的父母。三角系統是不可免的。三角系統不是什麼大問題，問題是你決定在思想、感覺和行動上如何面對這個位置。當三角系統這件事被指認出來，就是得以重新選擇的契機。你可以決定是否要繼續留在這個三角系統；若決定留下，也可以重新選擇用什麼樣的方式在當中自處。

若選擇留下，持續觀察家庭動力很重要，保持開放的溝通，不要承擔另外兩人的焦慮。這很不簡單！

覺察是脫離不健康思考與行爲模式的第一步。要順利傳達出自己想脫離這個三角系統，可以透過與牽涉其中的其他人討論，或改變自己的行爲。但請先評估其他關係人的情緒與心理健康狀態，若對話可能將以混亂和災難收場，那麼就避免以對話或討論的方式進行。

我有位當事人卡蘿，在一次面談中向我抱怨，每次妹妹和妹夫起了爭執，妹夫就會打電話給她，請她對妹妹「試著講講道理」。卡蘿便會打電話給妹妹，試著安撫她。卡蘿覺得自己在擔任「裁判」的角色，但她現在表示自己不想再當裁判了。她告訴妹夫，她不想再接到要爲他們夫妻倆「調停」的電話。於是妹夫不再拜託卡蘿跟她妹妹講話，但還是繼續打電話向卡蘿抱怨。卡蘿說她了解他的沮喪，但是她不想介入他們的爭吵，也不想再聽他抱怨妹妹。她建議他去婚姻諮商無數次了。等到有次妹夫再次打電話向卡蘿抱怨，她清楚地對他說：「我知道你心情很差，但我沒空和你討論這件事。」卡蘿大概明確表示了三次，自己想與他們的爭執劃清界線，讓妹夫知道自己是認眞的。之後卡蘿才終於成功地讓自己脫離這個三角系統。

我的另一位當事人科爾克，二十三歲，來看診是因爲他與父母形成了不健康的三角系統。他的父母雙方或其中一人，經常打電話向他「求救」，希望他能幫忙解決他們最近面臨的所有困擾。他的父母都接近六十歲，母親被診斷罹患躁鬱症正在服藥，父親則選擇用酒精來面對這些情況。科爾克曾和父母討論他們要他當救火隊的模式，但被痛罵了一頓，說他是不孝子。他想通了，認爲試圖和他們對話不符合他的最佳利益，因此他決定「直接做給他們看」。

科爾克允許自己放下救援行爲，並採取行動照顧自己。當父母來電，他選擇不接電話，但會聽留言，若不是要他當救火隊的電話，他就會回電。若他們需要某項東西，他會回訊說自己在忙，或建議他們打電話給其他人。所以，若母親來電說：「水龍頭在漏水，你爸爸不會修！」他可能不會回電，或者選擇回訊息說：「打電話叫水電師傅幫忙。」

2.孩子成為父母（身兼父母職的小孩）

有時，孩子會被父母拉進三角系統擔任父母的角色，成爲身兼父母職的孩子（在第二章曾提到，小時候父親住院時，我也做了一陣子這樣的事）。被**卡死**在這個角色的孩子，很可能變得焦慮而且／或者憂鬱，也可能產生不安全感。這種情況常見於父母一方爲藥物濫用者或單親家庭。

在第二章，我們說過父母層級地位的重要性，我也提供了一些個人案例，說明孩子擔任父母角色的情況。如我在第二章開頭所說，有時即使孩子負擔起協助家庭系統的父母角色，也並不會受到傷害。

身爲家裡年紀最長的孩子，我經常覺得自己被父母放在父母的角色。母親期待我幫忙的家事，有時超過我成熟的程度。四歲時我的小妹出生了，這個可愛的嬰兒從醫院回家時，手和腳的指甲都有感染。我的弟弟（當時兩歲）和我都得了流行性腮腺炎。可憐的母親得進來房間照顧我和弟弟。她出了我們的房門後，會把全部的衣服脫在地板上、洗個澡，再進去小嬰兒的房間，才能治療小嬰兒被感染的指甲，並且照顧她。

這樣過了幾個星期後，我們都康復了，反倒是母親面臨了精神崩潰。她受到急性的精神健康打擊，不是一種能獲得診斷的狀況，但對她和對我們來說都很嚇人。密集的壓力讓她完全精疲力竭，在身體和情緒壓力交迫下，她不再能應付日常工作。我的記憶模糊了，但這種狀態似乎持續了好幾個星期。

我記得自己站在廚房水槽前的小凳子上洗碗盤、擦碗盤，爸爸則忙著送弟弟妹妹上床睡覺。當時我才四歲！我只覺得我在做大女孩才該做的事。

作爲一個身兼父母職的孩子，我確實覺得自己很特別。但潛伏在這種感覺下的是不安。和大部分身兼父母職的小孩一樣，我知道有些事**不對勁**。而那種感覺很不好。

當一個孩子被拉進三角系統，而且被指派爲父母的角色，這個孩子可能會被當作犧牲品。當這些孩子放棄「太多」自我（孩子自己的渴望、需要和夢想），負擔起身兼父母職的角色，這個孩子就是被犧牲的個體。這是有害的！當孩子陷在父母角色的時間太長，這種情況就很可能發生。

對單親家庭的孩子來說，身兼父母職是很常見的。這種情況往往出自於家中的後勤需要。然而，下面的例子牽涉到的是一個完整的家庭，有母親、父親、女兒（年紀較長）和兒子。

母親白天工作，父親在一家工廠輪夜班。在母親返家前和父親離家後，有三個小時的空檔，剛好是女兒和兒子從學校回家的時間。女兒必須協助弟弟的功課，也要做自己的功課。她還被要求準備晚餐，讓母親從疲累的工作返家時可以用餐。晚餐後，她還要清理廚房。這種情況日復一日、年復一年。

當女兒從護校畢業後來求診時，罹患了很嚴重的憂鬱症。在我們晤談時，我很明顯地發現，她從來沒有時間，或被允許探索和照顧自己的渴望和需求。這並非是要指責誰，她的父母也不是故意讓女兒憂鬱。他們確實需要她參與父母的角色，讓家庭順利運作。然而，我的當事人陷在這個角色如此之深，把整個自己都投射進去。透過諮商，她漸漸開始允許自己覺察自己的感覺、渴望、需求和夢想，也開始練習照顧自己。在進行這些改變以後，她的憂鬱症痊癒了。

我的希望是，**家中若有一、兩個必須擔起父母角色的孩子，家庭要找出辦法，讓孩子們有「當孩子」的自由**。我知道有很多家庭做到這一點。這需要父母方有覺察和意念，確保做到這件事。

上述例子描述了孩子因家中情況必須身兼父母職，也有狀況是父母將孩子拉到父母的位置，以減輕自己的焦慮、憂鬱、不安或孤獨。

這讓我想到一個來求診的家庭。媽媽把她十三歲的女兒帶來，因爲女兒有憂鬱和自殘的情況。女兒多次被老師看到拿鉛筆刺自己的手臂。女兒說，她眞的很討厭母親把她當成閨密，問她關於和不同男子約會的關係問題——包括這些關係裡的性事。母親沒有注意到與女兒的健康界線，而誤將孩子放在教養自己的父母角色。這必須**禁止**。幸好，母親對女兒的說法抱持很開放的態度；在我看來，若母親不關心女兒，就不會帶她來求診了。諮商時，我協助她們建立明確的界線，然後向母親介紹個別心理治療。因爲她顯然需要、而且想要有人跟她說話！

3.孩子成為關注焦點（有行為問題或是生病的孩子）

孩子可能會因爲成爲被關注的焦點，而被劃入三角系統。在這個角色，孩子會透過外顯行爲或製造麻煩，幫助減輕父母間的緊張關係，或者分散父母當中一人的內在精神或情緒壓力。這讓父母將注意力轉移到孩子，而非彼此或兩人的關係上。有些父母會讓一個以上的小孩進入這個角色，甚至可能讓孩子們輪流在三角系統中擔任這個或那個角色。

另一個不幸且常見、被用來降低父母或其中一人焦慮的角色，是孩子成爲或被指定爲生病的小孩。照顧生病的孩子，是父母轉移關係與內心壓力的另一種方法。孩子可能會在生理、情緒或精神方面生病。很重要的是，這並非是在父母或孩子的意識下發生，很可能是出於無意識。父母在無意間讓孩子生病，孩子也不是有意識地選擇生病。

拒學症就是一個例子。克拉克把八歲的孩子湯米帶來找我，因爲湯米不肯上學。他被診斷爲拒學症——害怕上學。每天早上，當克拉克試圖帶湯米上學，湯米就會尖叫並哭泣。他會踢父親，然後跌坐在地上哭。克拉克試過用蠻力把湯米抱進車裡，載他去上學。湯米很不情願，繼續大叫和哭泣。好幾次克拉克在校長和老師的指示下，把湯米留在學校，但每一次都是不到幾小時，學校就會打電話給他說他們無法安撫湯米，他會干擾課堂上課，請克拉克把湯米帶回家。

當我了解家庭的歷史，很明顯地看出湯米是在母親與情人搬走後，才不再去上學。之後克拉克便在家工作。

我安排了一次與克拉克的單獨會面。他告訴我他極度憂鬱，甚至想過自殺。我建議我們多單獨會談幾次，不用帶湯米一起，結果如我猜想的，湯米拒絕去上學的原因，是因爲他能感覺到父親的痛苦，因此覺得自己應該不去學校，留在家裡以便「看著父親」。

我教導克拉克如何向湯米確保自己會平安無事，同時協助他處理結束婚姻的悲傷。之後，克拉克決定繼續進行單獨面談，但父子兩人也會定期一起來。我幫助克拉克學習如何養育湯米，這個小男孩正爲了失去母親，和即將面臨的雙親離異而悲傷。當克拉克開始療癒自己，湯米也開始重新去學校。一開始他的出席率很不正常，但在很短的時間內就步入正軌。

在這個案例中，拒學確實是一項準確的診斷。但重要的是，要用什麼樣的治療方式解決這個問題？有對湯米的個人治療或家庭治療兩種選擇，而後者才能解決整個家庭系統中的課題。湯米的問題是整個家庭系統壓力的一項症狀，問題不在湯米，而是家庭系統。

這種情況相當常見。

儘管如此，能指認出下列的情況很重要：有些孩子在生理、情緒或精神上產生的疾病，確實不是因家中的人際關係造成。

然而，若我沒有強調個人的人際關係確實會影響生理，那我就是怠忽職守。人際關係對病人的影響有正面也有負面。對生病的家庭成員而言，人際關係可能是療癒或阻礙，但確實是一項有力的療癒資源。身爲一位關係治療師，幾十年前我就知道這一點了。很多心理治療師和其他人，或許都已經憑直覺或觀察確認這是眞的。但現今，我們有了科學的證據。

我一直很欣賞與讚嘆精神病學家丹尼爾．席格的研究。他證實了重要關係的品質，對個人的健康與幸福有著重大影響[2]。

過去幾十年，來自經神科學領域的訊息，幫助我們了解心理、身體和關係之間的關聯。這些重要研究創造出更多的治療選擇，讓個人生理、化學、心理與情緒的各方面幸福，有了更多探索。

與大家庭的三角系統

在我與夫妻諮商的經驗中，經常發現造成他們關係緊張的源頭，是與大家庭間的三角關係。姻親三角系統，可能是當中最主要的原因。這也是電影中經常描寫、書裡經常撰寫的受歡迎主題。我會在第六章提到更多關於姻親三角系統的內容，討論忠誠與傳承的課題。與夫妻諮商姻親課題的主要目標，是幫助他們創造出彼此信任與安全的連結，讓兩人能安全地將對方視爲主要連結，而不是他們的父母，並且希望他們能在不傷害各自與父母關係的情況下，做到這一點。

環環相扣的三角系統

家庭系統中可能同時具有多個三角系統。這些三角系統互相環環相扣；也就是說，一個三角系統裡的一或多人，可能同時處在其他的三角系統。接下來這個例子，即是多個環環相扣三角系統的情況。

瑪麗是位四十歲的修女，有相當虔誠的天主教信仰。父親已經去世，她是母親的乖女兒。她和妹妹莎拉很親近；莎拉有個十五歲的女兒荷莉，荷莉和瑪麗的感情也很好。

莎拉和母親，也就是荷莉的外婆，幾乎在每件事上都會發生爭執，尤其是對於荷莉的教養問題。兩人都想把瑪麗拉到自己這邊。

荷莉也經常和母親與外婆不合，因此常向阿姨瑪麗求救，希望瑪麗幫忙解決她與媽媽或外婆的問題。雖然瑪麗是修女，但荷莉認爲瑪麗相較於自己的母親或外婆，在思想上更爲開明。

讓我們來看看這些情況組成的數個三角系統（圖5.2）。

瑪麗也許樂於處在這些家庭三角系統。她可能因此體會到自己的重要性，以及與家人間的連結；也或許她重視自己對家人的影響力，這爲她帶來了歸屬感以及權力感。若情況如此，那麼即使她被劃入三角系統，對她也不至於造成傷害。然而，若是瑪麗或家中的任何人，感覺到三角聯盟是負面而非正面，可能就會產生問題。

每個家庭都有多組環環相扣的三角系統，這些三角關係可能隨著時間改變模式，也可能固定僵化。但所有的三角系統，都一定程度發揮了穩固家庭系統的作用。

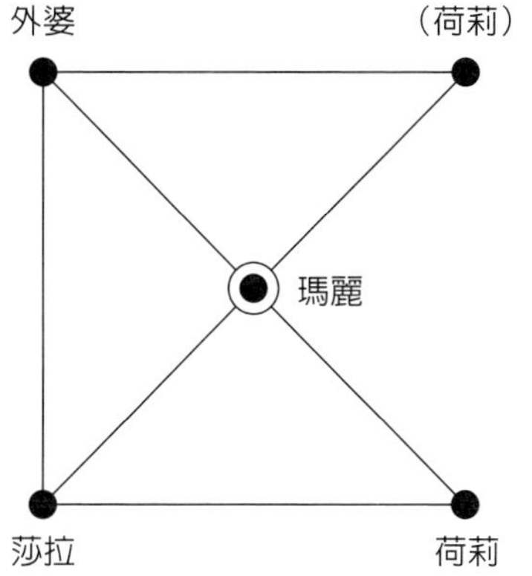

圖 5.2 世代間互相重合的三角系統

任何人事物都可能被納入三角關係

目前為止，我一直在談論兩人組將第三人加入系統中的三角關係。他們這麼做的原因，是為了舒緩其中至少一人的焦慮，而且他們通常不會察覺到，自己正試圖將第三人納進系統中以減輕焦慮。而被劃進系統中的第三人，大部分會是孩子，雖然也可能是父親、母親、手足、朋友或情人。

兩人組也可能將工作、興趣、宗教或寵物，劃入系統以減緩焦慮。在這個時代，電腦和手機也是常見的選項，尤其是手機。

我從夫妻檔中最常聽到的抱怨，就是伴侶在情感中薄弱的存在。他們經常表示，另一半不僅常常不在身邊，連在**情感**上也十分疏離。他們通常會指出對方花在工作、高爾夫、朋友、孩子、家務，或手機上的時間太多。我認為這些是個人避免衝突或親密，或**兩者皆是**的做法（我相信若沒有衝突，就不可能達到眞正的親密）。再說一次，將核心家庭或大家庭以外的某人或某事劃入三角系統，往往是個人爲了降低焦慮的做法。

三角系統在整個家庭生命週期與跨世代之間，會反覆且大量地出現。將第三人或物劃入三角系統可能是暫時的解方，也可能成爲常態；可能僅引起輕微的波瀾，也可能對一或多位家人產生毀滅性的影響。

當三角系統僵化，第三人被「鎖死」在同個三人組中長達數年，甚至數十年，就很容易產生毀滅性的結果。出生順序、手足排行與性別，往往是決定哪個（或哪幾個）孩子被劃進三角系統、納入夫妻次系統的關鍵。

家庭排行的影響

在研究所讀到阿德勒的心理學理論時，我發現當中的「出生序理論」相當有趣。但同時，我也發現這些出生序的特質**總是**有例外。

我就常常遇到這些「例外」。

儘管如此，我還是決定談談這項理論，因爲裡頭總是有幾分道理，而且在檢視家庭系統時，家庭排行確實是相當重要的參考架構。

早在家庭系統理論發展之前，和佛洛伊德同個時代的阿德勒，已經提出人格理論，將個人放在家庭出生序的架構下理解。

德裔美籍心理學家亨氏．安斯巴可（Heinz Ansbacher）和妻子羅文娜．安斯巴可（Rowena Ansbacher），曾對出生序理論有以下的討論：

阿德勒假設，排行老大的孩子更需要被肯定或讚賞。他將這種情況歸因於在第二個孩子出生後，第一個孩子不再擁有父母全副的注意力，因而會想用一輩子的努力將它奪回。第一個孩子也往往被期待要樹立榜樣，被賦予照顧弟妹的責任。而老大因爲較擅於理解成年人的想法，因此他們做的事大多很有成效。

阿德勒描述老二通常較為好勝、叛逆。排行中間的孩子，有時得辛苦找出自己在家庭中的定位。可能會藉由在音樂或運動上表現突出，以獲得父母的讚賞。他們可能較容易適應改變，而且比老大和老么具外交手腕。

在阿德勒的理論中，最小的孩子可能會較自私且依賴心重。他們可能會自由自在地玩耍，喜歡成為注意力的焦點，同時享受逗別人開心的樂趣。他們也通常會在關係中表現得自信和輕鬆，而且往往因為人際關係技巧獲得成功。

阿德勒描述的獨生子女，傾向具有老大或老么的特質。獨生子女不必分享父母的注意力，因此他們較難和其他人分享，也較難接受別人對他們說不。阿德勒同時發現，和同年齡的孩子們比起來，獨生子女往往較成熟、與成人相處較自在，而且在心智活動和創意方面表現較佳[3]。

然而，性別、階級、年齡差異和性情，都是改變受家庭出生序影響的重要變因。

所有的出生排行都有優勢和劣勢。明白這些優劣勢，並且啓動個人的選擇，便有潛力超越因排行順序遺傳的限制。當一個人越能思考與覺察自己的思想和感受、獨立於自身家庭的思想和感受，他們的選擇就越充滿潛能。

三角關係經常發生在孩子與同性別父母，手足排行相同的情況下，導致父親或母親可能過於認同孩子。一個排行老么、而且因爲這樣感到脆弱的母親，當她認爲其他孩子在挑剔她時，可能會發現自己總是黏著最小的女兒；當母親認爲先生太嚴厲，或者要處罰孩子時，她可能會努力救援最小的女兒。她可能會與這個孩子過度親密，常常利用她與配偶保持距離。

喬治和蘇帶著他們最小的女兒貝絲來求診。貝絲在學校被發現在女廁抽菸，而且被停學。喬治開始解釋，說他對貝絲的不滿已經累積了好幾個月，因爲她總是不遵守規矩。他也對蘇很不滿，不只因爲她拒絕支持他，也因爲兩人總是對如何處理貝絲的「壞」行爲爭吵不休。我注意到，當喬治怒氣沖沖地陳述**這個問題**時，貝絲和蘇都對他翻白眼。

蘇是么女，她的父親是脾氣暴躁的酒鬼。喬治和蘇的第二個孩子、唯一的獨子，三個月前上了大學。喬治說他想念兒子，對於如今自己成爲家中唯一的男性感覺沮喪。情況很快就一目了然，喬治和蘇一直以來，都在用孩子來填滿彼此製造出來的距離。兩人似乎對親密有著同樣的恐懼。蘇利用與貝絲的過度親密關係，來滿足她的親密需求。蘇發現喬治在兒子離家後也想親近貝絲，這讓她感受到威脅。她想把貝絲拉近，卻遇到貝絲的叛逆。貝絲的外顯行爲其實是想證明自己已經長大，想與家庭分離。蘇與女兒靠攏，想繼續和貝絲保持親近，避免和喬治親近。

在這裡，我還是建議他們進行伴侶治療。如同常見的案例，孩子「帶／促使」父母求診！

三角系統越僵化，對個人的毀滅性越大。僵化的三角系統通常是持續多年的三角系統。時常被指出是「中心的」或「主要的」家庭三角系統，這個主要的三角系統，比家庭系統裡其他的三角系統都重要。它通常包括不同世代的人，也可能世代重複，而且這種情況很常見。

家庭主要的三角系統，往往包括身兼父母職的孩子、問題孩子或是成爲代罪羔羊的孩子。這些角色可能從一個孩子轉移到另一個孩子身上。

我還記得自己在執業時，發現這種現象的當下有多麼震驚。

我想到曾經有個家庭，我稱他們爲泰勒家。泰勒先生和泰勒太太很不情願地帶著孩子來諮商：凱文（十七歲）、提姆（十四歲）和比利（九歲）。我說他們不情願，因爲他們要我只與凱文會談。他們解釋，畢竟凱文才是那個「問題」。凱文和一群朋友蹺學一陣子了，而且他們在他的書包裡發現一些大麻。

他們想要我「矯正」凱文。只給父母幾分鐘吐嘈凱文後，我問了所有的家庭成員一個我通常會問的問題（我要求第一次會談時所有人都要到場）。這個問題是：「若你可以用某種方式改變你的家庭，讓它變成你喜歡的樣子，會是什麼方式？」

我決定讓年紀最小的比利開始。

比利：「我想養一隻狗……我也想要爸爸更常在家，這樣我們可以一起打球。」

提姆：「我想要不需要來這裡。（笑聲）我想要和朋友去賣場。（暫停）我想要爸爸和媽媽停止爭吵。」

（全場靜默）

凱文（用力坐下，摘下遮住眼睛的棒球帽）：「我想要更多自由。我想要媽媽不再唸我，爸爸不要管我。學校很無聊。每個人都在吸大麻，我不知道這有什麼好大驚小怪的。而且，爸，你有什麼權利說話？你每晚都在和朋友喝酒，混到很晚。」

顯然「問題」不只是凱文的行爲。家庭中的一或多個成員，也有婚姻和藥物濫用的問題。

我安排了一次只和父母，沒有小孩在場的會面，建議夫妻倆進行伴侶治療。他們兩人都不願意接受伴侶治療，固執地認爲他們只是因爲兒子凱文來做治療。所以我進行了家庭治療，和他們討論教養凱文的問題：限制的設定與界定，以及執行罰責等。情況改善後他們便不再來診間。

一年後，泰勒家回來了。

他們回報說，凱文「勉強」畢業了。他進了附近的一間專科學校，搬去和朋友住在一起，現在有兼職工作。

現在換提姆變成「問題」了。提姆被抓到塗污公物，因此被留校察看。然而，把他們帶來的原因，是提姆在家變得有肢體暴力。他會亂丟東西，最近還會用拳頭重捶廚房的牆。

我請提姆詳細描述這件意外發生的經過，並注意到提姆似乎極度沮喪。

提姆開始說：「當時我們剛吃完晚餐。媽媽心情很不好，又是因爲爸爸沒有準時回家吃晚餐。我說了一句，大意是他愛酒精比愛我們還多。她就開始抓狂，說如果不是我，他可能會比較常在家；說我讓他多麼失望，我被留校察看是他遇過最慘的事。我頓時控制不了！我開始對她大吼。這時爸爸開門進來，他也對我大吼。我想要一拳打在他身上，但我打在牆上，然後就走出去。」

提姆說這段故事時，我注意到比利的眼淚在眼裡打轉。這次，我不想再**不**正視這對父母的問題。他們很不智地將兒子一個接著一個送進火炕，使他們出現這些外顯行爲，爲夫妻間的婚姻和父親的酗酒問題背鍋。

在典型的家庭治療裡，我們會把這種情況稱爲**重新架構**，一種治療性的干預措施。藉由重新定義症狀或行爲和改變家庭對事件的看法，來挑戰家庭對此的認知。

當家庭向治療師陳述一個問題，例如，凱文有**問題**，或他是個**問題**，家庭治療師會重新架構這個問題，從「凱文有/是問題」，變成「這個家庭系統正在處理一些緊張和壓力，而凱文是這個家庭裡，透過身為『症狀背負者』，表現出系統中緊張和壓力的人」。

泰勒夫妻第一次把凱文當成「問題」帶來時，他們不接受這樣的重新架構。然而，當他們把第二個兒子提姆帶來時，他們比較能接受考慮問題不只在提姆（之前是凱文）身上，同時也在兩人的婚姻關係上。

我同意和這個家庭共同努力，但堅持要這對夫妻接受另一位同事的婚姻治療。他們同意了。

我相信，若這對父母不接受諮商治療，比利將成為下一個代罪羔羊。這個家庭在治療過程中很努力，比利未再被劃入三角系統、成為下一個代罪羔羊。

十個月後，他們停止了家庭治療。希望這對父母在伴侶治療中順利成功，泰勒先生也處理了自身的酗酒問題。若非如此，比利可能會被劃入三角系統，成爲身兼父母職的孩子（與他的母親同陣線，成爲她的閨密）。家庭通常不會把這種情況視爲問題，因此不會尋求治療。

總而言之，三角系統是不可避免的。它們可能存在的時間很短，能發揮作用且無傷大雅；或者，它們可能僵化且長期存在，對家庭系統中的一個或多個成員造成傷害。

辨識出三角系統、察覺它們的功能，能賦予我們留在裡面或脫離的力量。

若你身爲父母，並且正將孩子拉進三角系統，我希望你能尋找其他的方法，處理你試圖減輕的壓力或痛苦。

每個人家中都有三角系統

1. 你是否能辨識出家庭中的任何三角系統？若是，把它們畫出來。你現在／過去在三角系統裡嗎？是在人生中的哪個階段？被劃入三角系統中的感覺如何？
2. 若這種情況發生在過去，你是如何脫身的？若你現在仍處於某個三角系統，你想脫身嗎？若答案為是，請想想自己要怎麼做？
3. 若你未被劃進三角系統，但發覺其他人被納入其中，你感覺如何？
4. 若你已經成為父母，請回想自己或伴侶，何時將孩子劃進一個與自己有關的三角系統。（每位父母都會在某個時間點這麼做。）你知道這麼做對你或伴侶有什麼作用嗎？你或伴侶是否讓孩子從三角系統中「解放」了？
5. 你認為父母的家庭裡，有哪些三角系統？
6. 你是否辨識出任何三角系統，在跨世代間不斷重複？

超越家人的三角關係

在原生家庭或目前的家庭中，你可以找出任何三角系統，是囊括家人以外的人或事嗎？若是，這個三角系統如何解決家中一或多位成員的焦慮？

（注意：若三角系統中的關鍵人物是風流成性的人，他的行為原因可能就超出一般人減輕焦慮的欲望。這不是本書要討論的主題。建議你參考弗蘭克·皮特曼（Frank Pittman）的書。）

第六章

誰欠誰什麼？

家庭忠誠度、傳承和帳本

我整個爲人，或我希望成爲的人，都是因爲我母親。

——亞伯拉罕・林肯

家庭系統理論的前輩依萬・波佐爾曼伊—納吉（Ivan Boszormenyi-Nagy）假設，家庭會在成員之間製造權利、義務、期待、責任、金錢債或人情債。

納吉認爲每個家庭都有家庭債。

這個概念就像是一份關係帳本，裡頭記錄了誰欠誰什麼，且記載時間可能橫跨數個世代。家庭帳本包含成員們**被要求**與**被認為**須有的忠誠，以及有意識與潛意識的債（可能與金錢相關，也可能無關）；但也包括成員**自己**認爲所積欠以及相對需要付出的部分。

家庭帳本的概念中，一項很重要的元素是**傳承**，即**孩子出生於家庭時所得到的**。傳承往往隱含「命運」，一種已預先存於世界的模式。

另一項則是忠誠。個人在情緒、實際與社會觀點上，被強力且持續地與家庭綁在一起。個人對家庭的忠誠，不只由他們已知的因素掌握，未意識到的因素也同樣會造成大幅影響[1]。

被要求的忠誠與傳承

忠誠度或許不會固定在某個刻度，會高高低低，但它會一直存在，且大多時候不被人們意識到。家人間的忠誠度，取決於個別家庭中根深柢固的文化。家庭文化與信奉的宗教，會影響家庭要求成員在思想以及行爲上的忠誠度。

忠誠與傳承是世代課題，一代傳一代、再傳到下一代。家庭規範的其中一項功能，是規範成員如何表示忠誠。但公開的忠誠規則，卻時常造成成員的困擾。

義裔美籍黑手黨的故事，即是牽涉忠誠與傳承的常見案例。生長在義裔美籍黑手黨家族，卻想逃離自出生就被加諸許多規範和期待的男性——相信許多人都已經在電影或書上看過這類的故事。

在電影《教父》中，血脈相連的父子和叔姪都是黑手黨成員。實際上，義裔美籍黑手黨的成員並非全由血緣關係組成，但組織仍會要求他們保有絕對的忠誠。若家族男性被期待遵循組織傳承，必須對「家族事業」忠誠，卻決定走另一條路，就會遭受嚴厲的批評與指責，甚至被逐出或謀殺。雖然上述所說的是極端情況，但確實描繪了家族對忠誠與傳承期望的力道，與這些課題所呈現的深度。我們全都在「家庭期待」與「個體化需求」的兩難中掙扎。

我在諮商生涯中，確實遇過當個人渴望「打破傳統」，卻面臨家庭忠誠與傳承的矛盾。我曾遇過一些是天主教或猶太教徒的客戶，他們想與不同信仰的對象結婚，家族卻規範他們只能與相同信仰的人組成家庭。

過去十年，我有越來越多客戶表示，他們遭遇關係困境的原因，是出於美國境內或現今世界普遍存在的社會與政治議題。大部分的糾結是因爲與家人的觀點不同。對許多家庭來說，這些爭執等於是在攻擊他們已在家族世代運作的忠誠與傳承。

傳統與遺傳

每個人出生的家庭都有一套自己的規矩、價值觀和信仰，我們也將不可避免地被影響。成長在高度重視獨立和自主的家庭的孩子，通常較有能力決定自己想繼續遵循哪些家規、價值觀和信仰，以及不再接受哪些。而且，若是這個家庭同時贊同成員們有「不同意」的自由，家庭關係就比較不會斷裂。

當一個人生長於要求所有成員遵循相同規範、價值觀和信仰的家庭，卻與其他家族成員不同，選擇走上另一條路，就很可能被切斷支援。我遇到這樣的情況，大多是與宗教、政治、種族偏見、性別取向、性別認同議題有關。

當我聽見某人因爲個人信仰與自我認同，而被家庭成員斷絕關係，總是讓我很痛心。

與性別相關的家族傳統相當常見。像是女生要當老師、護士，男生就要當工程師；男生要堅強，不能表露情緒；女生不能當運動員……這個清單可以一直接下去。和上個世紀中葉比起來，有些傳統可能會讓你覺得很荒謬，然而即使是現在，確實在某些家庭中，這些性別傳統仍然存在。

最近我正與一位三十五歲的單身白人女性進行諮商。她的家族傳統是女性就該結婚生子，男性則不需要；但男性被期待得在經濟上非常成功。家庭成員表示，她令家族非常失望，認爲她是「失敗的人」。雖然她是一間大公司的執行長，但就因爲她沒有按照家族期望結婚生子，家族就不認爲她是成功的人。

毀滅性的自殺遺傳

家庭中最令人心碎的遺傳，是自殺。

一九九〇年代，在探討家庭成員重複出現自殺的無數研究中，肯德勒（Kendler）發現，曾經發生自殺成功案例的家族，其他成員企圖自殺的風險將大幅增加[2]。

對於這個現象，專家各有不同的看法。一般認為自殺行動不會遺傳；但心理疾病會。若家族成員的自殺與憂鬱症相關，其他家人也可能有憂鬱的基因。對飽受憂鬱症所苦的人來說，尋求幫助是很重要的，一般會建議服用藥物並搭配諮商治療。

另一個看法是，一旦家族中有人自殺，那麼當其他成員不快樂，或在某方面遭遇困境，自殺就較容易成為他們考慮的「選項」。也有一些案例是，其他家族成員決定自殺，是為了消除思念已故親人的痛苦和擺脫心中的混亂。倖存者的愧疚也很常見。有人決定自殺，是因為他認為自己才是該走掉的那個人。此時，助長自殺念頭的不只是絕望和失望，同時還有釋放心中愧疚感或羞恥感的盼望。

總之，曾經歷家人自殺死亡的家族，在情感上彼此互相照顧、尋求協助和支持是非常重要的。

表達悲傷的傳統

大部分家庭，對成員如何表達悲傷也有一些規範，尤其是在面臨家族成員往生的情況。對部分家庭來說，表達悲傷的過程，在宗教傳統中已經根深柢固。

猶太家庭有種名爲「坐七」（sitting shiva）的習俗。守喪的家庭會正式爲他們的親人悼念七天，典型的做法是，他們會坐在接近地面的低矮椅子或直接坐在地板上，象徵他們因爲悲傷而「心情低落」。朋友們會在這段時間拜訪以致悼念，通常也會帶食物給哀悼者。

許多的愛爾蘭天主教家庭都有「守靈夜」（wake）的儀式，由家人和朋友參加，通常是在往生者的家裡舉行。他們會一起享用食物，分享對逝者的回憶。這不像傳統的喪禮，宗教領袖可能在，也可能不在。「wake」一詞是來自於家人、朋友徹夜陪伴大體的古老傳統。在歷史上，守靈夜是在正式的葬禮之前，最近幾年守靈夜也可能在葬禮後舉行，而且/或較像是對逝者的一種紀念儀式。

這些傳統規範了一種表達悲傷的程序，是家族和社區的共同經驗。然而，在一些家族當中，爲逝去親人表達悲傷並不是一種共同經驗，甚至在家庭成員之間也不是。令我沮喪的是，我的家族屬於後者。

我很早就知道，當親人從地球上消失時，表現悲傷難過是不被允許的。七歲時，我第一次遇到親人過世：我的祖父走了。我記得，當時我和爸媽、兄弟姊妹、叔叔、姑姑和堂表兄弟姊妹們在一起。我的祖母在隔壁房間。當我們這些孩子被告知祖父的死訊，我開始啜泣。眼淚從臉頰流下，我還發出哭泣的聲音。結果，比我大四歲的堂哥，用命令的語氣跟我說：「不要哭。妳會讓祖母難過。」就在這時，祖母進到房間，我立刻把眼淚吞下，悶住哭聲。幾分鐘後我開始流鼻血，持續流了三天，還因此無法去參加葬禮。（這是我第一次學到情緒與生理健康之間有著強力的連結。）

我清楚地接受到一個訊息：請藏起你的悼念。

我祖母去世的時候是九十多歲。我們舉行了一個小型葬禮。

對許多人來說，與其他人聚在一起懷念某人與告別，是件很重要的事。死亡是一種成年禮。對大部分的人來說，找一種方式與其他人紀念這段過程，能提供支持和親密感。當然，一旦這段共同經驗結束，對逝去親人的悲傷不會立刻停止。視個人與逝者的關係而定，悲傷的過程可能會持續。

每個人都能有自己體驗悲傷的方式

我向來與當事人分享，悲傷是一種**過程**。伊麗莎白．庫伯勒－羅斯（Elizabeth Kübler-Ross）在著作《論死亡與臨終》（*On Death and Dying*）裡，與世人分享她所認爲的悲傷的五個階段。她的觀察是將焦點放在正經歷死亡過程的人身上。她發現，悲傷的五個階段是否認、討價還價、憤怒、沮喪與接受。這幾個階段，在瀕臨死亡與他們身旁親近的人身上，是常見的感受。她不認爲這些階段是線性的過程；它們不會依序出現，而是會在這些階段之間來來回回[3]。

不幸地是，這五個階段後來變成許多人以爲感受悲傷的「正確方式」。

不！不！不！悲傷是**獨一無二**的過程，每個人都能以不同的方式體驗它。

除非是驟然且錐心刺骨地失去親人，一般人通常能一邊承受失去親人的痛，一邊繼續正常生活，外表上看起來沒什麼不同。我們仍然能從事想做的事和必須做的事，例如正常上班或餵養孩子。自古以來，人類就不斷在經歷失去親人。我認爲，我們天生就被設計成能在面對失去親人時依然堅韌，即使是難以承受的傷痛。

雖然這是眞的，但我對於悲傷是個怎樣奇怪的東西，總是充滿驚異。對我來說，我能帶著它如常工作，不去想失去的悲傷，讓自己完全爲他人專注當下。但是，當某個時刻，悲傷會不知從哪裡冒出來，可能是失去親人後的一星期、一個月、一年或是十年，當某件事觸動了我，在幾秒鐘或幾分鐘的時間裡，我就被悲傷完全吞噬。

這種傷心是人們在經歷悲傷時，總會出現的一種體驗。然而，每個人呈現悲傷的方式仍有很大的不同。傷心是正常的。我常認爲，憂鬱是一種「黏滯的悲傷」。事實上，當當事人來到診間，告訴我他們很憂鬱，我的第一個想法通常是：「他們不允許自己經歷的是什麼悲傷？」

悲傷的強度隨著時間減緩是很正常的。然而，它卻可能無法完全離開。前面有說到，對我們大部分人來說，最初受到失去親人的打擊後，我們會不斷在悲傷中進出。我們繼續正常生活，展開例行活動，可能在過了相當平凡的一天後，突然間，悲傷莫名地襲來。我是這麼向當事人描述悲傷：「這可能發生在失去親人的十年後。你平常過著正常的生活，但突然間，不知怎麼的，一股悲傷排山倒海如海嘯襲來，將你捲入失去親人的強烈哀傷之中。」

例如，我親愛的祖母總是在聖週五（Good Friday）親手製作熱十字包。

這一天，我總會迫不及待地走去她家聞烤麵包的味道。當麵包從烤箱一出爐，她會讓我在麵包上灑上十字形的糖霜。這對我來說是段甜美的回憶。然而，在我上大學離家後，就不曾再去祖母家聞烤麵包，吃她親手做的熱十字包。

大約在她過世後八年，有一天，我開車經過診所附近的一家麵包店，他們正貼出聖週五熱十字包的廣告。我決定買一些回家，讓兒子們可以嘗嘗剛出爐的熱十字包。注意，那時我已經四十幾歲了。當我一走進人潮頗多的麵包店，就立刻聞到烤熱十字包的味道，但完全出乎我意料地，我開始不由自主地啜泣，連我自己都嚇了一大跳。於是我馬上離開麵包店，坐回車裡。那一刻，悲傷的海嘯淹沒了我。我好想念祖母。大約十分鐘後，悲傷的強度才漸漸退去。雖然頗爲尷尬，我還是振作起來回店裡買了麵包。

我經常與當事人分享這段悲傷的海嘯，一方面是和他們說明，遭受失去親人的重大打擊後，繼續自己的人生是很重要的；一方面我希望他們知道，悲傷很可能被不預期地觸動——讓自己完全地體驗悲傷是沒問題的，即使是在失去親人的多年之後。

這和金錢有什麼關係？

「傳承」（legacy）[1]這個字，經常會讓人想到代代相傳的某種東西，大多與社會地位或金錢有關。這個議題可以在家庭中造成多大的麻煩啊。當說到誰從金錢或不動產的繼承中得到什麼，權利和債務便可以製造出紛爭、煩惱，也可能危及家人關係的品質。家庭如何處理繼承的遺產，很可能會決定家庭成員是否能維繫連結，或者將分道揚鑣、不再保持連結。

大家庭裡的金錢問題，比遺產繼承更加複雜。出現財務困難時誰幫了誰？這些關係會如何被影響？若父親或母親需要體力上的和／或經濟上的協助，誰要承擔？這些事對「欠債」的概念或個人角色有什麼關係？在這裡，忠誠與傳承將再次發揮作用。

金錢經常被用來操作或控制、獎賞與懲罰。成年子女可能會對父母在財務上的援助或贈予覺得理所當然，也可能非常感激。成年子女也可能在與父母的關係中感受到困頓與負擔，而這種感覺與他們的眞實自我並不一致。成年子女可能會覺得接受父母在經濟上的幫助，讓他們覺得難堪或羞愧。父母、祖父母、兄弟姊妹或其他親戚，可能不會喜歡一個成年孩子需要經濟上的幫忙。

夫妻和家庭如何處理經濟課題，是件很複雜的事。在我首次進入家庭治療領域時，就聽到一句我永遠記得、而且很眞實的話：夫妻來求診的五大課題，是性、家事、相處時間、姻親問題和**錢**！

如我先前說的，處理任何伴侶或其他家庭課題時，傾聽非常重要，**真正地彼此傾聽**，試著**了解**其他人的想法和感覺，並且在協商時願意相互**合作**。

---

❶ 譯註：有時也可譯作「傳統」「遺傳」「遺贈」或「資產」。

名字知多少？

幾年前，我曾聽到美國原住民描述他的祖先如何向陌生人介紹自己。他們會說：「我母親這邊的祖母（或祖父）是＿＿＿。我父親這邊的祖母（或祖父）是＿＿＿。」我覺得十分驚訝。爲了確認自己的身分，他們必須說出祖先的名字並承認他們。

在美國，有很多人的祖先是移民過來的。在移民過程中，他們被給予或是選擇了一個與在先前國家不同的姓氏。我總是對這類故事很感興趣。每當我與當事人進行諮詢，我會要他們思考，改變家族姓氏對他們的意義是什麼？他們對這件事是否有任何感覺？

另一個相關的主題是，婦女運動允許我們這個世代的婦女，在結婚時保留自己家族的姓氏，而不是直接冠上夫姓。若我遇到一對夫妻，妻子想用自己家的姓氏而不是夫家姓氏，我會想了解他們各自關於這個決定的想法和感覺，幫助他們解決任何可能阻礙他們建立安全依附關係的感受。即使是同性婚姻，也可能會在這個問題上糾結。許多夫妻傾向以連字號連結各自的家族姓氏，爲兩人創造出新的姓氏。

探索傳承課題時，了解家中的這個人爲什麼被取了這個名字，往往能反應出一些眞實情況。一些孩子被父母取的名字，純粹是因爲父母喜歡這個名字，名字本身並沒有「連結帶」。有些孩子被取的名字是來自家族「傳統」，例如，所有長子向來都是以父親的名字爲名，這個傳統可能帶有對孩子的期望，也可能沒有。

有些人的名字帶有重大的意義、期待與責任。曾有一家人來求診，包括父親、母親、女孩（六歲）和男孩（三歲）。眼前的問題是，女兒戴安娜出現自殘行爲，她會咬自己的手臂、經常拔頭髮。小兒科醫師建議他們來做家庭治療。

我通常會在第一次會談時與全家人見面，但因爲孩子的年紀還小，我決定只與父母見面，了解更多的家庭史。過程中，我得知這對父母十八歲時就結婚了，而且他們在結婚十五年後才有了戴安娜。我問他們，爲什麼等了十五年才生小孩。母親只是低著頭，迴避我的目光。父親告訴我，其實他們婚後不久就有了一個小女孩，但她在和鄰居騎車時出車禍過世，當時她六歲，名字是戴安娜。

那個坐在我診間裡的戴安娜，是「替代的」孩子。

我猜想，至少有兩個原因讓小女孩出現自殘行爲。第一個猜測是，「新的」戴安娜潛意識裡質疑，她是否值得活著。在她內心的某處，在她的覺察之外，她不知道父母是否希望第一個戴安娜還活著，而不是她。第二個則是因爲她母親的焦慮。因爲小女兒現在和第一個戴安娜死去時同年，母親十分害怕女兒會步上姊姊的後塵，再次從身邊被帶走。依我的經驗，我堅信孩子往往會展現父母身上的焦慮。（是的，孩子會憑直覺感受到這些事！）

所以我們的工作是雙倍的。我決定與這位母親會談，有時單獨一個人，有時和她先生一起。透過幫助她處理悲傷、療癒失去第一個孩子的創傷，來處理她的焦慮。我與這對夫妻一起會談，療癒他們在失去孩子後所經歷的殘存傷痛（雖然這對夫妻已經比大部分夫妻的狀況好很多）。我協助這對父母覺察，爲什麼需要對在世的女兒確認與鼓勵正向的自我價值，以及應該怎麼做。我開始與母親一人，以及夫妻兩人進行諮商，戴安娜的症狀沒多久就消失了。

我總是很訝異，孩子經常會透過潛意識發展出症狀，以便帶他們的父母來諮商治療！

名字也可能帶來祝福或詛咒。它可能提供歸屬感與驕傲，也可能提供連結甚至輕鬆的感覺。我的名字是伊蓮。我父親唯一的手足是妹妹，名字是海倫。海倫姑姑想要我父母用她的名字幫我取名，父親不喜歡這個想法。母親則是想尊重父親、重視他的願望，但也想取悅我姑姑，她唯一有過的「姊妹」。我的父母後來折衷地妥協，選了法文的「海倫」——Elaine。

我很喜歡姑姑，她在我的人生中十分重要。我也一直很喜歡我的名字。在我成長的小鎮裡，我是唯一的伊蓮。（而且，伊蓮是亞瑟王傳說中的武士蘭斯洛特的愛人，也是武士蓋拉哈德的母親。我在青少年時期很迷亞瑟王傳說，也因此更愛我的名字。）

然而，我是學校裡唯一沒有中間名的女孩。當我問母親，爲什麼我沒有中間名時，她解釋，因爲她痛恨自己的名字和中間名。出於她如此討厭自己的名字，所以沒有爲我和妹妹取中間名。我們被告知的理由是，如果不喜歡自己被取的名字，可以選一個自己喜歡的；如果我們比較喜歡這個新名字，可以讓它變成正式的中間名，以及被稱呼的名字。但我和妹妹克莉斯汀都喜歡自己的名字，不想被叫成別的名字。

知道一個人名字的由來，可以了解他們與家庭的關係，以及他們是如何看待自己在世界上的身分。

更具毀滅性的，是看不見的忠誠

博佐爾曼伊—納吉宣稱，與公開的家規要求忠誠一樣有問題的，是**看不**

見的忠誠，且往往對家庭的摧殘最嚴重。

個人可能因爲被期待忠誠受到傷害。這份忠誠通常會透過潛意識的運作被指定，在覺知以外發生，而且往往對個人的健康和幸福具有毀滅性。這些看不見的、從潛意識中被要求的忠誠將跨越世代、影響目前的行爲。

有位媽媽帶著十五歲的兒子班來求診，因爲他開始喝酒。她打電話來爲他安排會談，是在有一天晚上和朋友出門回家後，他嘔吐了。他告訴母親，他通常只喝「一點」，但那天晚上他卻停不下來。

和往常一樣，當她打電話安排第一次會面，我告訴她我想要她和兒子一起來。他們沒有其他的同住家人，否則我也會邀請他們一起來。

班說他自己也在意喝酒問題。他說母親第一次發現他喝酒時很懊惱，他自己一向不擔心，直到那天晚上他喝醉，而且很不舒服。

班告訴我，他的父母在他七歲時離婚。我諮商時的習慣是，我會問，他認爲父母爲什麼會離婚。他說，他相信父母離婚是因爲父親是個「暴躁的」酒鬼。自己和父親目前處於失聯狀態。離婚後父親原本會定期來看他，但最近三年都沒有父親的消息。他偶爾會從住在其他州的姑姑那裡聽到父親的消息。在與姑姑的最後一次通話裡，他得知祖父、也就是他父親的父親去世了。姑姑跟班說到祖父的酗酒問題。班知道他的父親和祖父是分開住的，但他先前不知道祖父也有酗酒問題。班只看過祖父一次，對他沒什麼印象。

當我探究家族史，我問班記得哪些與父親同住時的經歷。他開始說起父親喝酒、父母吵架爭執的回憶。我問他是否有任何「美好的」回憶。他提到自己四、五歲時的一些美好回憶，他似乎很高興想起這些事，並與我分享。接著，他說到一件我認為是解決「眼前問題」——酗酒——的關鍵。

當他分享與父親的愉快回憶，以及他覺得全家三人在一起的快樂時光時，他說：「那時，每個人都說我跟爸爸好像。我爸爸很外向、有趣。過著派對人生。」我們全部人都坐著安靜了一分鐘。然後我問：「班，我想知道，你是否有其他酗酒以外的方式，能讓你與內心的父親有所連結，而且能同樣尊重他？」

他懂了！

隨著我與這對母子持續面談（我也確實和班進行了幾次個人會談），班終於得以與「很像」父親的傳承分離，尊重自己喜歡的父親特質與自己的特質。允許自己爲失去愛他、支持他且風趣的父親哀傷——這是他從沒做過的事，因爲他害怕若是爲失去父親悲傷，就是在背叛母親。而母親向他保證那不是眞的，從而讓他允許自己，公開表露需要表達的傷心難過。

我們也探究了關於酗酒與分居的世代遺傳。我幫助班了解，酗酒可能是一種世代問題。在班的案例中，父親和祖父都有酗酒問題，很可能表示班也有酗酒的傾向。班的父親與祖父分居，就像班和父親目前分居，即切斷了一段持續的關係（圖6.1）。

辨識出世代間的模式，可以幫助個人更了解自己的現況，以及自己正在做的事。我不懷疑，作爲一個在父母結束婚姻和最終離婚期間仍同住一起的孩子，班必然經歷過納吉所指的「分裂的孝順性忠誠」（split filial loyalty）。納吉相信，這是所有忠誠課題中最有問題的形式。孩子被父母一方或雙方拉扯，以便站在其中一方，這種家庭動力會造成孩子的心理困擾。

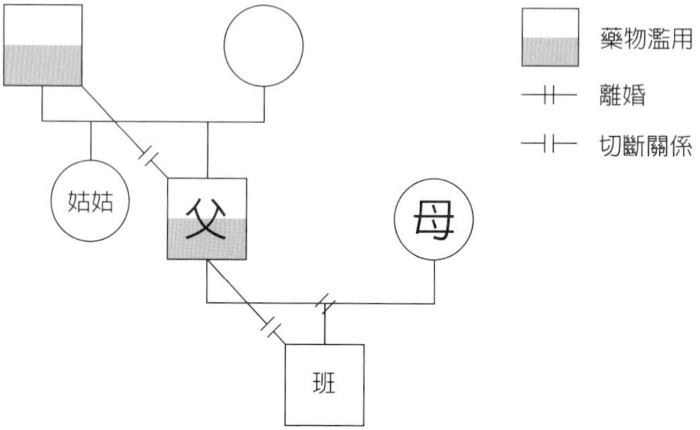

圖 6.1 家系圖描繪世代間的藥物濫用與關係切斷模式

我經常目睹這些分裂的孝順性忠誠孩子，因爲處在如此惡劣的位置，深受嚴重的情緒與心理困擾。心理困擾呈現的方式可能是自卑、退縮、憂鬱、表現出「不好的」行爲，甚至有自殺意念。父母們，請避免將孩子放在這個位置！孩子已經常常不經意地將自己置於這個位置了，不需要再由父母增強他們已經在對自己做的事。

不幸的是，父母不是唯一會要求分裂的孝順性忠誠的過失者。祖父母也可能會拉攏孩子，要他們加入對抗父母的某一方，或者一起對抗另一邊的祖父母。不論是上述何種情況，孩子都被家中的大人拉進三角系統。

家庭忠誠與傳承往往對個人影響重大，因爲這正是在要求個體以家庭規定的方式思考與行動。若一個人的思想和信仰與家人不同，僅是要表達出來就需要相當的勇氣，更別說要對這些差異採取行動，需要多少勇氣和決心。

權利與義務的家庭帳本

前面說過，除了家族傳承與忠誠之外，每個家庭成員都有一本權利與債務的帳本。納吉描述了兒童生命早期的家庭帳本不平衡，明確地指出幼童有權得到父母的照顧。在正常的情況下，父母不會期待孩子因爲幼年時期的照顧而對他們有虧欠；然而，隨著孩子的成長，會累積越來越多的責任與欠債。若孩子被期待擔負超過他準備好的責任時，就很可能會產生情緒和心理上的困擾。

根據我在執業時的經驗，為家庭帳本「平衡」課題困擾的人其實很多。這在成年人身上會表現出他們「想得到自己應得的東西」。或者另一種情況是，總覺得需要照顧父母或祖父母。這不一定具有毀滅性，確實是平衡家庭帳本的一種方式。但若個人的心態轉變為犧牲，甚至到了自我毀滅的程度，或是父母要求回報而未考慮對成年子女造成的影響，情況就可能變得具毀滅性。「以前我照顧你，現在輪到你照顧我」，說出這句話的父母，很可能試圖剝奪成年子女的人生。我看過如此多的人「暫停」自己的人生，以成為其他家人的照顧者。

照顧家人通常是必須的，適時為了關係做出犧牲也是重要的。然而，選擇做點犧牲和「選擇犧牲」是不一樣的。「選擇犧牲」（即否認自己的渴望和需要），對自己和關係，都具有毀滅性。當一個殉道者鮮少有益。然而，有些人似乎被自己吸引成為殉道者。

父母經常將自己認為的原生家庭或配偶的債務，投射到孩子身上。一位單親媽媽的父親，在她年幼時就離開了，她可能會把被父親遺棄的債，投射在兒子身上，不希望孩子離開家。如果他離家，她可能會一直跟著他，從一個地方到另一個地方。

年輕時必須照顧妹妹的一位父親，可能會將母親和妹妹要自己照顧妹妹的債，投射到女兒身上，期待女兒要照顧他。

關於誰對誰欠什麼的帳本課題和爭執，也會發生在手足，以及有承諾關係的夫妻之間。在婚姻中想從配偶身上得到原生家庭欠自己的債，這種情況也十分常見。這將造成不切實際的期待，製造出怨恨而干擾親密連結。

有許多前來求診的夫妻，其中一人會喋喋不休地講述自己爲對方付出了什麼，又從對方那裡得到了什麼。顯然記了一份帳本。夫妻通常會對對方的「錯誤行爲」記帳本。在爭吵時，便會實際地或在言語上揮舞這份文件。我們治療師通常稱此爲「自備午餐」（brown-bagging）。

忠誠、傳承和帳本課題，經常是婚姻中的根本問題。在發展過渡期（developmental transitions），尤其需要個體覺察並處理對原生家庭的忠誠課題。婚姻就是這些過渡期中最困難的一段。

個體對父母與祖先的忠誠，往往沒有明確的定義。當然，因為一個人的家庭而選擇與對方結婚是很常見的狀況。不論在電影或眞實生活中，我想我們都聽過這樣的話：「她嫁了個好人家。」「他高攀了人家。」

稍微不同的是，我有一些當事人，相較於他們的另一半，與對方家庭的依附更為緊密（也因此更忠誠）。這種情況在夫妻離婚時最為明顯。我見過有當事人，因為想到即將失去伴侶的家人而哭泣，卻很高興與伴侶分手。

姻親忠誠三角系統

我相信涉及姻親的家庭三角系統是源於忠誠和親密課題，所以我將它們放在本章，而非仔細討論家庭系統三角系統的第五章。

婚姻預設了夫妻會將主要依附，從父母轉移到配偶身上。這對於部分對父母或原生家庭有很深忠誠的個體來說，可能會是一段非常困難的轉換過程。若轉換順利，與父母的關係依然重要，但不會再是個人的主要依附。

在閱讀《婚姻衝突的評估與治療：四階段療法》（*The Evaluation and Treatment of Marital Conflict: A Four-Stage Approach*，暫譯）時，我對於書中提出的三種常見的姻親三角系統很感興趣[4]。三種三角系統分別如下：

1. 理想父親

當妻子的父親相較於丈夫得到更多忠誠與尊敬時，就會產生這種情況，而丈夫不可能達到妻子理想父親的標準。妻子會向父親尋求建議和指引，妻子的父親對於自己在女兒心中的重要性往往相當得意，而且會鼓勵她繼續仰賴自己。父親甚至可能公開要求忠誠，若沒有得到，就拒絕繼續給予愛和支持。

這類三角系統的組成，不僅可能是妻子、岳父和先生，也可能是先生、公公和妻子——先生和他的父親可能「一個樣」，並且仰賴自己父親的陪伴與支持，妻子成了局外人；若先生恰巧在家族企業工作，父親就是上司，更將增加父親在其他層面的重要性。

2. 母親是我最好的朋友

與前一個三角系統中夫妻間同樣的動力，只是此時母親成爲三角系統的第三人。這樣的三角系統似乎在母女間出現的頻率比在母子間高，即使我見過許多人，不論是女兒或兒子，相較於伴侶，在母親面前更願意顯露最脆弱的自我。

3. 因為這個家庭，我和你結婚

在這種三角系統裡，妻子可能將父親送給先生，或者把先生送給父親，畢竟父親一直想要兒子，或者先生已經沒有父親，渴望父親形象的角色。若妻子的忠誠是對著父親的，而且想和他親近，這樣的策略可能產生反效果，因爲父親可能會與先生更緊密連結，而不是和她。不論是將父親送給先生，或是把先生送給父親，可能妻子也是希望他們能增加連結，爲她與父親和／或先生之間，留一些喘息空間。

這類型的三角系統也可能是先生把母親送給妻子（這種情形似乎比妻子把媽媽送給先生普遍）。妻子、婆婆和先生的三角系統，能讓先生與母親減少連結，但仍對她保持忠誠。當這類的三角系統運作，很常看見妻子和婆婆一起出現在社交場合，一起養育孩子、照顧家人，兩人都像「媽媽」一樣，照顧這個先生。

夫妻雙方的父母不是唯一的姻親三角系統，手足也可能在夫妻關係中被劃入三角系統。我想起電影《銀色聖誕》裡艾文．柏林製作的歌曲〈姊妹〉。這首歌是由兩姊妹一起唱的，她們的關係如此親密，以致於她們警告可能的追求者注意，沒有任何男人能企圖擋在她們之間。確實有些兄弟姊妹的手足連結，強過婚姻連結。幸運的是，這首歌也有另一句歌詞，是兩姊妹都警告對方，不要擋在她們和各自心儀男人的中間。

我想再次提醒大家，家庭會建造出三角系統，是爲了幫助緩和家庭系統中，一或多人的緊張與焦慮。三角系統的創建有其目的，本質上來說既非正面也非負面。

姻親三角系統著重的是依附程度的課題，以及誰擁有影響力權威。若夫妻雙方有一人與各自的原生家庭關係公開地緊密，另一方就很可能體驗到局外人的感覺。如此一來，當這對夫妻遇到衝突或婚姻問題，這些忠誠連結的三角系統，便可能讓這對夫妻更難回到正常關係，甚至可能導致夫妻之間的連結斷裂。我們可以經常看到，一旦有更多的家人牽扯進夫妻衝突，修復關係就會變得更困難。

雪莉兒和大衛來婚姻諮商，他們結婚十年，育有一名七歲小女孩。雪莉兒打電話預約諮商，因爲自一個月前大衛沒了工作後，他們每天都大吵大鬧。

她很氣大衛整天坐在沙發上，不去找工作。

我立刻看出大衛有嚴重的憂鬱症。當大衛分享他的技能和工作經歷，我相信若他沒那麼憂鬱，可以很容易找到工作。第二次會談時，我試著談論大衛的憂鬱情況，雪莉兒激動了起來，開始說他的憂鬱只是藉口，眞正的問題是「懶惰」。

按照慣例，我請他們分享各自的家庭史。雪莉兒說自己和母親很親近，每天都會和她通電話。雪莉兒會向母親細數大衛所做或沒做的一切，讓自己失望、受傷或生氣的大小事。雪莉兒不停地「找理由」反對大衛，而母親也會附和她說，「他很糟，不是嗎？」

直到最近大衛丟了工作，雪莉兒向母親抱怨大衛的大部分內容，都是不重要的事：忘了倒垃圾、結婚紀念日沒有買花給她、工作到很晚錯過懇親會。在他們婚姻裡的大部分時間，雪莉兒一直利用和母親的關係，吐露她對大衛的不滿。所以，當大衛丟了工作這件大事發生後，雪莉兒和母親開始不停煩他，意有所指地說他「不夠好」。大衛不但沒有從妻子那裡感受到支持和鼓勵，反而覺得被雪莉兒和她母親羞辱和貶低。他的反應是退縮與墮入憂鬱，使他對找工作這件事感到憎惡且缺乏動力。

不幸的是，這種情況並不少見。對原生家庭的忠誠與親近，可能對伴侶關係有害，也可能會阻礙他們成爲完整的自己，這一點也是千眞萬確。

沒有人會在經過童年後，不帶走原生家庭的忠誠和傳承。我們都有一本權利和債務的帳本，與家庭的帳本收支越平衡，我們就能越全然自由地過自己的人生，並且投入與其他人的親密關係。

平衡這本帳本，可能會涉及原諒「債」。不只是被欠的，也包括欠人的。問題是：原諒這個債的代價是什麼？如果需要付出的代價太大，就不要原諒；但大多數的情況是，緊抓著債的代價大於釋放它，尤其是爲了它所消耗的情緒能量。請記得，原諒是一種在情緒上放下的行爲，這一點很重要。

原諒**不**等於遺忘。原諒不意謂放下你自己或他人的責任；原諒的意思是，釋放你在某人或某事上依附的情緒能量。原諒是你送給自己的禮物。

認識自己原生家庭的忠誠與傳承課題，能幫助你從家庭的「綑綁」中解放，那種綑綁將阻礙你的心理自由與成長。透過主張自己的傳承，而非將自己置於被動的位置，也是一種促進自我賦權的方法。例如：女兒出於被要求的忠誠與傳承，接受了母親的不動產事業。如果女兒是被動地接受它（即這是人們所期望的，她不認為自己有選擇權），很可能會不開心；但如果她發現是自己「選擇」留下，而不是「必須」留下，她就能由被動的位置移動到一個有力量及權力的位置。

主張你的選擇。

主張你的人生。

誰欠誰什麼？

家庭傳承

1. 你的原生家庭過去／現在的傳承是什麼？（例如：成為成功的人、失敗的人、小丑、老師等。）
2. 你認為這個傳承是祝福還是詛咒？
3. 若你成功脫離了一個不想要的傳承，你是怎麼做到的？
4. 若你想脫離一個不想要的傳承，可以想像自己該做什麼嗎？
5. 若你已經成為父母，正在給予子女什麼樣的傳承？

家庭忠誠

1. 你能辨識出家庭中的忠誠連結嗎？哪些連結和你有關？那些忠誠連結對你而言，具毀滅性還是建設性？

2. 你是否曾經驗或目睹「分裂的忠誠」？若是，它們如何影響你？
3. 你是否能辨識出任何「看不見的忠誠」？若能，它們對你有何影響？

家庭帳本

1. 目前你與父母（不論存歿）之間，帳本狀態如何？你被給予什麼？又被欠了什麼？
2. 若你有伴侶，目前你們之間的帳本狀態如何？若這個帳本並不平衡，是否對你們的關係造成問題？為什麼？
3. 若你有孩子，想想你們之間的帳本。它對你和孩子的生活，帶來抑制還是提升？

命名

1. 你知道自己名字的由來嗎？它是否是連結或驕傲的來源？你認為自己的名字是祝福還是詛咒？

第七章

該保守還是揭開家族祕密？

穿越家族祕密的危險領域

我們要如何與內在的魔鬼——那些使我們受傷的父母——和解，若我們不知道眞相？

——蕾貝卡．威爾斯（Rebecca Wells）

《亞亞姊妹團的私密日記》

（*Divine Secrets of the Ya-Ya Sisterhood*）

處理這個課題沒有簡單的方法。

家人和臨床醫師對保守或揭開家族祕密，究竟是好是壞，一直感到非常糾結。保守祕密可能會造成問題；洩露祕密也會。

在這個章節，我會和你解釋個體和家庭保守的許多不同類型祕密，以及**羞恥感**如何與懷有祕密連結在一起。

「羞恥感」這個議題非常重要。在這個章節，我談論的是與家族祕密有關的羞恥感。羞恥感的主題比家族祕密更廣泛，但那並非本書的重點。

我也會區別「祕密」和「隱私」的不同。

隱私還是祕密？

奈瑪・布朗—史密斯（Naima Brown-Smith）對家族祕密的定義是，任何直接影響或與某人相關的訊息，但被隱瞞或只在部分家人中分享。根據布朗—史密斯的說法，家族祕密通常有以下這些元素：

- 一或多位家人保守祕密。
- 一位或多位家人不知道這個祕密，但受到這個祕密的影響。
- 其他不直接與這個祕密相關的人。
- 祕密的主題[1]。

處理家族祕密如此困難的其中一個原因，是因爲個人隱私權和個人「祕密」，兩者對其他家人的影響界限往往相當模糊。隱私和祕密都是對其他人隱瞞訊息。對一個人是「祕密」的事，對另一個人可能不是。

個人和伴侶當然有權保有隱私。少了隱私，個人可能會失去自我與幸福。我們所有人都有自己獨有的、不想和別人分享的想法和感覺。

我記得，小時候有一個朋友，她在家裡七個孩子中排行第三。她和家裡的其他人共用房間、衣服、洗澡時間，和幾乎每樣東西。

有一天，她問我能不能和我分享一個祕密，我肯定地說好。我跟著她到我們家附近的樹林裡。到了一棵大樹旁，她停了下來，從口袋裡掏出一根湯匙，開始在兩條大樹根中間挖土。她挖出了一個小小的塑膠盒，裡面是好幾百顆小小的金色星星，那是我們表現良好時老師們會貼在家庭作業上的貼紙。我永遠不會忘記當時朋友臉上全然的喜悅與慎重：這是她的私人祕密。我覺得備感榮幸。一直到後來，每當我的當事人或其他人，與我分享他們的祕密，我都備感榮幸。

我認爲這個案例是一個「良性的」祕密。事實上，對我來說，這更像是她在人生中終於有了屬於自己的物品。她住在一個如此多東西都必須和家人共享的家庭，能私下擁有某樣與其他人有所區分的東西，是重要而且健康的。

我鼓勵你想想，在你們家有哪些規範是有關尊重個人隱私的？這些事對你目前擁有的關係，有什麼影響？

成人和孩子都有權擁有隱私。在網路時代，很多人會擔心越來越難保有隱私。幾年前我曾拜訪一位朋友。我們站在她家的廚房時，開始談到想要一台新冰箱。她房間裡，有一台先生最近剛買的虛擬助理，叫阿蕾莎。我朋友很喜歡問阿蕾莎天氣預報、請她播放歌曲。我們都沒想到，阿蕾莎居然也會聽我們談話。那天稍晚，朋友的電腦收到一大堆有關冰箱的電子郵件和彈出式廣告。確實，在目前的科技時代，保有隱私越來越困難。

祕密可能存在於個人、夫妻、家庭、大家庭，或是更大的情境系統之中。家庭祕密可以分類爲「家庭內部的祕密」，由一或多人，對至少另一位家人保守祕密；以及「家庭共享的祕密」，由整個家庭對外人保守的祕密，常見於有藥物濫用、肢體凌虐，以及現在或過去世代曾出現羞恥事件的家庭。

「家庭內部的祕密」被定義爲與被隱瞞者相關的隱藏訊息。這個定義是

「祕密」與「隱私」的歧異點，關鍵字是「**相關的**」。有些祕密是良性的，意謂它們不會眞正影響到他人，我朋友埋藏心愛物品的祕密就是一例。

在關係中，保守祕密最常見的兩種方法，就是說謊和隱瞞。說謊是給出錯誤訊息，隱瞞則是忽略相關訊息。

保護自己還是保護他人？

大部分情況下，一個人會保守祕密，是因爲他相信若是某些人知道了這件事，會讓自己有所損失，所以想保護自己；也有部分情況，是出於想保護他人；或者，也有人辯稱保密是爲了保護他人，事實卻是想保護自己。

在我執業五十年的中心，提供的其中一項服務，是爲經歷家人自殺的人提供諮商。在世的家人想保守親密家人自殺身亡的事，這種情況很常見——雖然萬幸，自我執業以來，過去對自殺的負面印象，如今已減少許多。我曾遇過許多當事人經歷家人選擇結束自己的生命。他們經歷的罪惡和羞恥感，往往使他們經歷的悲傷過程更加複雜。出於羞恥感，很多人不想讓其他人知道家人死亡的原因。他們想保護大家對自殺者的記憶，也想保護自己，免於暴露於羞恥中。

很多父母不知道該不該告訴孩子，某位逝去的家人是自殺過世。同樣地，他們可能是要保護大家對已故家人的記憶。在我的經驗裡，父母也是想保護孩子，避免這樣的訊息影響孩子的情緒。我們當然鼓勵誠實，但不可否認，也必須考慮孩子的年齡和發展階段，選擇用哪些詞彙說出這個訊息，以及說得多詳細。

我是個人隱私權的大力倡導者。我的經驗是，每個人都有自己的個人祕密。再說一次，這些祕密只會在隱藏訊息與「被保密的人有關」時，才會成爲問題。例如，外遇的配偶會對另一半和孩子造成有害的影響，這種祕密是具破壞性的。破壞性的祕密會啃蝕關係，它們就像未被診斷出的癌症，你無法治療你不知道的現存疾病。

破壞性祕密

我仍記得，多年前有位同事和我分享一個有關破壞性祕密本質的故事。這位男同事一直在爲一位重度憂鬱的中年男子提供諮商。經過多年的諮商，這位當事人的憂鬱情況改善很多。在大部分的時間裡，他對自己的人生相當滿意，於是他們開始討論結案。即使治療師和當事人都承認，當事人仍然有些憂鬱，但是當事人相信，或許這就是他的「命運」。

就在他們要結案前不久，當事人打電話來，是危急狀況。他說自己有自殺的想法，不確定是否要繼續活下去。

當治療師和當事人進行緊急面談，當事人說他最喜歡的阿姨剛過世，他對自己悲傷的程度嚇到了。他的絕望程度讓他和治療師兩人都感到十分訝異。他們兩人同時感覺到，有些什麼東西「整個走樣」了。但究竟是什麼？

幾天後，當事人再次來到例行的諮商時間。他的行爲舉止完全變了，不只不再絕望，憂鬱也消失了。

他說，在阿姨的葬禮後，母親告訴他一個家族祕密：這位阿姨其實是他的親生母親，養育他的其實是母親的姊姊。他分享了這個祕密的細節，也提到這是他人生第一次感到完整。他終於知道自己是誰。母親告訴他，她和他的生母，也就是他一直以爲是阿姨的女士，原本計畫要在他十八歲時告訴他這個祕密，但因爲當時家裡發生了一些事，因此她們決定再等等。後來，生母認爲既然她們已經等了那麼久，不如就繼續對他保守祕密。

當事人說，他內心深處一直知道「有一件自己不知道的事」，如今這個「眞相」，將他從深沉的哀傷中解放。先前他幾乎是帶著這股哀傷持續了一輩子，也就是他和治療師知道的憂鬱症。

在這個案例中，家族成員爲了保護另一個家族成員，保守了一個祕密。然而，這個希望保護家人的行爲，卻成爲被保護人的負擔。這經常是家庭祕密造成的結果。

不論成人和孩童（尤其是孩童），都能在緊張氣氛或事情「不對勁」時有所感知。這種感知會在受祕密影響的家庭成員身上製造出焦慮，即使他們在意識上根本沒發現自己被隱瞞了一些事。

我的經驗是，被保密的人即使在意識上沒有覺察，但往往能在潛意識感覺到「有些什麼」存在。我想這就是上面例子的情況。我和同事都相信，他的當事人呈現出無法停止的低度焦慮和憂鬱，就是他潛意識知道某件事的表現。我不會宣稱自己了解其中的運作方式，我只知道我所經驗過，以及其他人與我分享的。或許這種現象與愛因斯坦提出的「詭異的超距現象」或「量子糾纏」有關——這兩種現象我都不完全懂，雖然我已經研究了幾十年。

下面是另一個關於被保護的祕密走樣的例子。

一對父母帶著十六歲的女兒來家庭諮商。他們很擔心她違反門禁的情況，覺得她已經和男友發生關係。尤其是媽媽，將女兒罵得特別兇。我注意到母親在說到女兒的情況時，幾乎變得歇斯底里。

我認爲這是一個線索，有些事我需要多了解一點。我決定安排一次只有父母、沒有女兒的會談。當我單獨和父母會面時，得知這位母親曾在十六歲時懷孕，後來把小孩送給別人收養。她從來沒有將這個祕密告訴先生。我協助他們共同面對這個訊息。先生對這件事沒有指責，而且還安慰與支持妻子。

我完全支持這位妻子/母親保有隱私的權利，但我也表達了**歷史可能在家庭重演**的憂心，尤其是當**令人覺得羞恥的**訊息，沒有被討論和面對。

如先前提過的，我們在意識上不知道的，往往會在潛意識裡「知道」。這樣形式的「知道」，很可能會在情緒上影響我們。它可能，而且通常會在行為上表現出來，尤其是被孩子和青少年表現出來。

下一次，這家人帶著女兒回來了。太太已經和先生坦白，並共同面對她的祕密，現在她決定向女兒坦白。她以平靜的心情和適當的語速對女兒說出這件事。女兒走到母親身邊坐下，環抱住她，兩人抱在一起哭。父親也伸出雙手放在兩人身上，護妻女之情溢於言表。

女兒說，她了解父母對她的擔憂。她不覺得他們的擔心是必要的，但她願意遵守門禁。

後續還有幾次的家庭會談，目的是處理父母/青少年課題，尤其是關於女兒在性方面的事。然而，當他們嘗試眞正傾聽並了解彼此，會談的氣氛有了戲劇化的轉變。我相信這個轉變能發生，是因爲母親曾經懷孕且把嬰兒送人領養的**大**祕密被攤開了。

如今，有關領養的祕密不像早年那麼普遍。早期在我執業時，經常遇到有人被領養而自己不知道。家庭裡如何談論領養這件事，對家人有著巨大的影響。領養的信念和故事，會影響被指定的角色、關係界線，以及個人如何思考自己在世界上的定位。

被保護的祕密，往往是破壞性祕密。

破壞性祕密是有害的，而且將對至少一位家庭成員具有一定程度的風險。

有的祕密確實是**危險的**，像是牽涉到肢體與性方面的凌虐。對自己或別人有威脅的祕密是危險的，涉及違法的祕密也是危險的。

例如，曾有位剛進大學的年輕人來求診，是因爲與他大哥有關的幫派，在他們家殺死了當事人的弟弟和妹妹。他的哥哥在外販毒，舅舅也知道這些勾當，但由於舅舅以前也混幫派，所以決定不告訴他的妹妹，也就是當事人的母親，結果反釀成悲劇。

危險的祕密！

祕密與羞恥感

破壞型祕密往往會增加一或多位家人的羞恥感。當一個人在經歷羞恥時，他可能會感覺被羞辱、尷尬、無價值、丟臉、矮人一截，以及沒有足夠的安全感與他人連結。經歷過羞恥的人，會深信自己整個人都有瑕疵。

感到羞恥的原因，可能是出於自己做的某件事，或認爲自己做得很失敗的某件事。在一個家庭裡，個別成員感受到羞恥的原因，往往是關於他認爲自己因種族、宗教、性取向或經濟情況，被外人看待的眼光；或是因家庭中曾經或正在發生的某件事，被自己或外界評斷認爲是錯的。**往往正是這樣的**

羞恥感，助長了保密行為。

先前提到的「家庭共享的祕密」，也就是家族共同對外界保密的祕密，常見的有與成癮、違法行爲或肢體、性凌虐相關的事件。這樣的祕密也許並非每位家族成員都知道。例如，在有父親、母親、十二歲女兒、十歲兒子和五歲女兒的家庭，也許只有父母和大女兒知道舅舅曾猥褻大女兒。年紀較小的孩子可能永遠不會被告知，也並不意謂他們在潛意識中知道姊姊曾發生可怕的遭遇。不幸的是，感覺羞恥的往往是受害者；因此，在受害者身上也很常見到自我厭惡和自卑的傾向。

如果孩子與某個行爲令人不齒的人有關係，可能會覺得十分羞恥。我從酗酒父母的成年孩子那裡，聽過很多次類似的事。即使已在心理治療領域執業多年，每當我坐在從孩提時代，就因成人的可恥行爲而承擔羞恥感的當事人身邊，仍然會感到相當痛心。孩子經常會認爲是因爲自己「不乖」，或其他原因，必須對曾被大人凌虐、拋棄或傷害的事情負責。我的工作就是幫助當事人，將責難、羞恥和**責任**，歸於它們該去的地方——行爲可恥的侵犯者

（通常是成年人）身上。如果有需要，我也會鼓勵他們培養與練習自我同理和自我修復，讓他們能原諒自己。

我特別感謝歐普拉。自一九八〇年她的節目開播以來，有更多女性選擇進入診間治療自己的受虐創傷。我相信，歐普拉鼓勵了眾多女性說出自己的經歷，教導她們理解自己能從受虐的傷痛中復原，允許她們求助，並且停止責怪自己。

療癒羞恥感與罪惡感

「罪惡感」和「羞恥感」常被混淆。當我還是年輕的治療師時，曾有同事說：「罪惡感是種無用的情緒。」我認爲他是錯的，而且花了數十年去思考這句話。我眞的認爲，當一個人做錯了某件事，有罪惡感是恰當的。然而，我確實觀察到，懷有罪惡感在多數時候沒什麼用處，只會浪費精力。沒有**悔**

意的罪惡感是毫無用處的，感到後悔和難過，才能為療癒鋪路。

曾經，有位剛過六十歲的女士，在服下過量止痛藥住院後來找我，說自己不想活了。

她有非常深的罪惡感，因為她沒能在女兒小時候，保護她免於受前夫（也就是女兒的父親）性侵害。她說自己深受這股罪惡感啃噬長達數十年，無法再繼續忍受下去。我問她，她無法忍受的是罪惡感，還是圍繞著罪惡感的羞恥感？她向我描述其中的差異：「我對自己**沒能採取**的行動感到罪惡，但正是這種羞恥感活活啃噬了我。」我向她解釋，罪惡感是對於已採取或沒能採取的「行為」感覺很糟；羞恥感則是與我們「對自己」的感覺，以及如何「評斷自己」有關，不只針對行為。這樣一來，我們不僅會／或這樣想：「**我做的事**是不好的或錯的。」還會說：「**我**是不好的或錯的。」

求診之前，她曾努力試著和女兒談談，但女兒不想和她維繫持續的關係。罪惡感！罪惡感！羞恥感！這些東西吞噬了她。

我問她：「妳希望自己當時有什麼不一樣的做法？」她給了我一連串的

回答，大多是關於當時自己為何沒有決定走另一條路的辯解。例如，其中一個回答是：「我有想過帶著女兒逃跑，但我沒地方可去。」我不懷疑在那個時間點，她認為那是真的。（雖然我知道有很多母親是這麼做的——即使無處可去，仍決定離開受虐的環境。）

慢慢地，我鼓勵她為自己的決定負責。當我們沿著這個軌道前進，我支持她承認自己的悔恨——她背負的對女兒、對自己和對整個情境的罪惡感產生的精神痛苦。很快地，她明白了，當她對女兒說：「我錯了。我充滿罪惡感。我沒有盡我最大的力量。我當時沒有其他的選擇。我很抱歉。」她女兒聽到的是空洞的句子，沒有悔恨和難過。這不足以讓女兒和她重新連結。當母親將焦點從罪惡感，轉移到自己感受到的悔恨和巨大傷痛，她覺察到，自己內在的情緒狀態改變了，她開始允許自己經歷更完整的難過與悲傷，才能與女兒從真相、悔恨和傷痛的地方開始，再次打開心門、開始溝通。女兒開始願意和母親保持有限度的聯繫。我也鼓勵她們接受一些家庭治療，支持她們療癒彼此的關係。我很開心地說，這個案子最後有了一個「快樂」的結局。

在帶有**羞恥**祕密的家庭中，家庭成員往往世代傳承尷尬、羞辱和羞恥感，直到這個羞恥的祕密能被家庭成員們好好地面對和處理。這件事很重要，讓我重申能幫助療癒罪惡感和羞恥感的步驟：

● 將責難、羞恥和**責任**，歸於它該去的地方——做出糟糕決定、犯下可恥行爲的人身上——是極爲重要的。
● 如果情況需要，我鼓勵大家培養與練習自我同情與自我照護，最終達成自我原諒。
● 任何仍抱有罪惡感或羞恥感的人，在想原諒犯錯者之前，必須先原諒自己。如此一來，原諒他人或療癒關係的心願自將水到渠成。
● 我相信很值得再重複一次我在前一章說的：原諒**不**等於遺忘。原諒不意謂放下自己或他人的責任；原諒的意思是，釋放你在某人或某事上依附的情緒能量。原諒是你送給自己的禮物。

甜美的祕密和必要的祕密

世上確實存在著有毒和危險的祕密，但也有必要的和「甜美的」祕密。紐約阿克曼家庭健康中心的主任伊凡·英柏—布萊克和另一位中心成員，將「甜美的祕密」描述爲：有時限，且對他人有益的祕密。例如禮物、驚喜派對——某件會令別人歡喜的事[2]。

然而，確實有必要的祕密。我在診間看過的受暴婦女，就教了我不少「必要的祕密」。由於可能遭受施虐者加倍的暴力虐待，「逃跑計畫」顯然需要成爲她們向施虐者隱瞞的祕密。

在一些當事人、朋友或家人被診斷出末期疾病時，他們會想在告訴家人前，自己先好好消化一番、安排一些計畫。

身爲治療師，我不適合告訴當事人該做或不該做什麼，而是幫助他們確認做出決定會遇到的結果。

祕密本身和守密者都是獨一無二的，處理保密或洩密都不會有一體適用的做法。若你正向家人隱瞞祕密，我建議你問問自己這些問題：

- 這個祕密要保護誰？自己或他人？
- 如果洩露了這個祕密，最糟的情況會是什麼？
- 如果洩露了這個祕密，是否將弊大於利？
- 如果不把祕密說出來，是否可能造成更多傷害？

若你正爲別人的祕密或錯誤行爲保密，問問自己：保守這個祕密會爲你帶來壓力或情緒上的痛苦嗎？若是，你是否願意放下這個累贅的角色，以及伴隨著它的罪惡感與羞恥感？

請記得：家庭祕密在家庭系統中，可能是一股毀滅的力量。

我們不知道的事，可能會傷害我們。

請誠實地面對自己

致讀者：在本章結尾，我不再問你們更多問題了。我建議，若你正保守一個「啃噬你」的祕密（不論是自己或他人的），請考慮尋求幫助。告訴閨密、宗教指導者，或尋求治療。

若你有某種「內在直覺」，感覺家裡有一些你不知道的重要事件，請鼓起勇氣**發問**。但這麼做之前，請先從家庭、朋友或專業人員那，找到需要的支援。

我鼓勵你想想，你的家庭對尊重個人隱私有什麼規範，以及這些規範如何影響你目前的關係？

辨識自己處理隱私需求或渴望的方法，誠實地面對自己，這對你的人際關係有什麼影響？若是你的「隱私」需要隱瞞某個相關的人，那麼，你可能正在保密，而非保有隱私。在尊重自己對隱私的渴望和需求時，確認你是在進行自我照護。做違法行為或參與傷害自己或他人的事，卻宣稱隱私，**不是**自我照護。

儘管如此，尊重自己的隱私渴望和需求，對建立良好的心理健康相當重要。這往往需要你在自己和其他家庭成員間，設下清楚而堅定的界限。

第八章

家族故事、傳說和儀式的影響力

世代的塑造

我們不該停止探索，
而我們探索的終點，
將是我們抵達啓程的地方，
而且是第一次認識這個地方。

——T．S．艾略特（Thomas Stearns Eliot）

許多關於「我是誰」的故事或信念，都來自於我們的家庭。這些故事或傳說，可能關於我們個人，也可能與整個家庭或家族相關；可能基於事實，也可能是出於個人的想像。無論哪一種，這些故事和傳說，定義了家庭和家庭成員看待自己、彼此與世界的關係。在這一章，我會分享一些我人生中的例子，探討家庭故事與傳說的力量。

我的故事①：我和外婆究竟有多像？

在我小時候，很難過的一件事是我不認識外婆。她在我出生之前就過世了。然而，我總覺得她在我成爲自己的過程中占有重要地位。

家人告訴我，外婆是在五十四歲時去世；那一年我的母親二十歲。我的母親很少提起自己的成長故事，但很明顯，她一直爲自己年輕時就失去母親帶有很深的憂傷。在我十二歲左右，我們前往克里福蘭拜訪阿姨和舅舅，他們還記得外婆年輕時的樣子。我的大舅回憶起他對外婆的印象，滔滔不絕地說我和去世的外婆有多相像。

這個說法以一種超越我想像的方式影響了我。

在撫養三個男孩的家中，我掛了一些家庭照在床邊。其中一張是外婆的黑白照片，那是在她去世前幾年照的；我一直很喜歡這張照片。她在頭上挽起一包白髮，穿著一襲漂亮的白色編織洋裝，看起來很美。在我五十三歲的當天晚上，當我正坐在床上讀書，這張已經掛在牆上好幾十年的照片，突然正面朝下掉在我的大腿上。我才發現，原來在這張照片的背後，母親寫下了外婆出生和去世的日子。我心血來潮算了一下，再算了一下。我怔住了。其實她是在五十二歲時去世。

在我生命中的大部分日子，一直很害怕我和外婆會在相同年齡去世。畢竟，大舅曾說我是多麼像她！但那一天是我的五十三歲生日！我大大地鬆了口氣！感到平靜且自由，相信自己能在世界上活得更久。

隔天，我與幾位女士進行一個工作坊，主題是轉化她們的人生。就這樣——在短暫的時刻，我的人生、我的**信念**，轉化了。我曾經根據大舅說我像外婆的一席話，創造了自己的「死亡傳說」。

在我的執業過程中，經常遇到有人帶著信念或恐懼，認爲他們會在父母或祖父母去世的相同年紀去世。這可能是一種不理性的恐懼，卻是很多人在意識上相信，或者埋在他們內心深處的念頭。

我的故事②：故事或許不是眞的，影響力卻是

我的家族裡有很多故事和傳說，對我造成很大的影響。我青少年時對宗教很感興趣，這讓我想去認識更多家族中有關宗教信仰的故事。我的祖父是來自愛爾蘭的天主教家庭，我父親的一些堂兄弟是天主教徒。我曾問姑姑，爲什麼祖父離開了天主教會？她告訴我一個故事，在往後成爲我本質的一部分，影響了我的思想、信仰和偏見。

在我六十多歲，姑姑去世的前幾年，我曾去拜訪她，聊到她以前告訴我的故事。我告訴她，我相信我們的家族史是如何影響我的人生，姑姑卻不記得她曾經告訴過我這個故事，還和我說，我幾乎信了一輩子的故事不完全是眞的。我記得自己當下既困惑又生氣，我甚至記得她說這個故事給我聽時我們坐在哪裡。這個傳說對我很重要，而且是影響我成爲家庭治療師的原因之一。

我的海倫姑姑——父親的妹妹，也是他唯一的手足——占了我人生很重要的部分。她是一位有才氣的藝術家，爲我的生命帶來歡樂、神祕與刺激。她也有戲劇天分。她在我快二十歲時說了這個故事。現在，讓我釐清一下：

這是我聽到的故事，但這是姑姑實際上告訴我的那個故事嗎？還是這其實是一場夢？

我記得故事是這麼說的：

祖父的家族在南北戰爭前從愛爾蘭移民到美國，定居在印第安那州南部的愛荷華河邊。曾祖父年輕時在南北戰爭期間擔任隨軍救護人員，戰爭結束後，他在社區繼續行醫。家族在當地社區頗受敬重。身為善良的愛爾蘭天主教徒，他們定期參加彌撒，坐在教堂裡重要的座位。

故事接著說，在曾祖父去世後，曾祖母愛上了另一個人，而且準備結婚。然而就在他們結婚前不久，未婚夫在一場農場意外中去世。但很快地，大家都知道曾祖母肚子裡已經懷了他的孩子。這在社區成了一則醜聞。我們家族失去了在教會的立足之地，也不再擁有教堂裡的重要座位。

姑姑告訴我，曾祖父的一個兒子，也就是祖父的兄弟，變得莫名焦躁不安，後來自殺過世。這是爲什麼祖父不再參加天主教活動，也不再信仰上帝的原因。

當時我正要上大學，這些故事對我各方面都造成巨大衝擊。我已經敏銳地注意到世上有如此多的不公義。一九六〇年代時，我即將成年，喜歡學習社會學和心理學，發現自己對心理和情緒健康充滿好奇。我熱切地想對抗不公義，到現在還是相當痛恨虛僞。

我在姑姑生前與她聊到這些以前她告訴我的家族故事時，她說她的父親沒有任何兄弟自殺。除了這一點，她認爲其他部分大致上是正確的。

在人生後段發現自己記憶中的故事不完全準確，並未撼動我對宗教與世界的大致想法。我們多常活在自行解釋與想像的傳說裡。我們聽見的，可能不總是被說出口的；被說出口的可能是事實，也可能不是，卻成了傳說。不論這個傳說是來自於事實或人爲的創造，它都對我們的人生具有極大的影響力。

這兩則家族故事對我具有神話般的意義，極大程度影響了我的人生。家族故事可能是眞實或杜撰的，但它們之所以成爲傳說，並非是因爲正確性，而是傳奇性。

從家族流傳下來的故事和傳說會影響我們，甚至可能主導我們對自我定位與**人生價值**的觀點與感受。它們可能流傳在幾個世代或是多個世代之間。我相信人類是渴望意義的。我們有很深的期盼，想理解該如何俯仰於天地之間。家族故事、傳說、傳統與儀式，是如此重要且吸引我們，因爲它們提供了一些依據，讓我們能以此在人生和世界中前進。

覺察與理解自己受家族故事與傳說的影響，將讓我們得以自由地接受或拒絕對自己及所做選擇的信念。

傳承的力量

在前面的章節，我寫到家族傳承的概念。家族的傳說會影響家族的傳承——一個人的家族對於如何做人、如何生活、如何思考與感覺，所定的期待和規則。

我們對自己與身旁各種關係的看法，是基於我們被告知或告訴自己的各種故事。如果你告訴自己「我不可愛」，就會開始回想這類記憶中的回憶和故事，以證實這項信念。如果你告訴自己「我無法信任任何人或威權人士」，就會開始創造或回想那些能夠證實這項信念的故事。同樣地，如果你相信自己是好人，就會在至今能夠回想起的所有時間裡，找出各種能符合這個信念的故事坐實這項論點。

從自己家庭知道的故事和信念，將指導我們如何適應周遭的環境。這些故事和信念具備的力量，可能陷我們於苦難，也可能賦予我們力量，去克服人生中的各種困難，或從中復原。

我選擇在非營利的社區諮商中心執業。我們諮商中心的信念是爲個人、夫妻與家庭，提供有品質的諮商治療，不論他們能負擔的費用是多或少。

我在諮商中心服務的五十年內，許多優秀的同事來來去去。過去十年，離開的同仁一些退休了，但大部分人選擇轉去私人診所。我也經常想著要這麼做，因爲我知道那是一個能帶來豐厚收入的選項。但我從不懷疑自己對非營利中心的忠誠與執著，而其中一項原因，就是圍繞我家族的一個比人生更大的傳說。

卡尼雜貨店

我成長在印第安那州中部的小城鎮，祖父母在當地經營一家雜貨店。我對那間店沒什麼印象，因爲它在我還是嬰兒時就已經結束營業。那間雜貨店，還保留在叔叔和姑姑住的那塊地的角落。他們的房子之前是祖父母的房子。

雜貨店結束營業是因爲祖父母年紀大了，且下一代對經營雜貨店興趣缺缺。當時也正好是連鎖雜貨店，開始在全國各個小城鎮如雨後春筍般出現的年代，這使得夫妻經營的小雜貨店更難以生存。

卡尼雜貨店影響了祖父母的六個孫子女，雖然這間雜貨店關門時，我們之中年紀最大的孩子還沒上小學。對我而言，從親人以外的人那裡聽到的故事，對我的衝擊力最大。

記得在我還是青少年時，曾多次遇到經歷經濟大蕭條或二次世界大戰的人，當我報出名字，他們會出現充滿敬意的表情。他們通常會問，我和喬·卡尼有沒有關係？我會回答：「我父親是喬·卡尼，祖父也是喬·卡尼。」他們接著會問，是不是經營「卡尼雜貨店」的喬·卡尼？當我回答「是」，他們便會開始分享故事。

我會聽見祖父在經濟大蕭條和二戰時期，如何提供他們生活雜貨，雖然他們經常付不出錢來，但祖父總是要他們不用擔心，積欠的款項會被記在帳上，等到有錢時再還就行了。這些陌生人告訴我，若不是祖父的慷慨，他們早就餓死了。甚至有一個人告訴我，祖父將他們家的帳全部一筆勾銷。但祖父母卻爲了還錢給自己的債主，用財產和有價值的東西以物易物。

記得祖母曾告訴我，她對於自己可以在那段艱難的日子裡幫助有需要的人，覺得有多麼感激。他們不僅提供物資給缺食物的人，甚至也將家門打開，收留需要有地方住的人，即使有些人可以支付一點房租，有些人付不出來。

這些傳說成了家訓：幫助有需要的人是很重要的，不論他們付不付得出錢。所以，這麼多年來，我仍選擇在非營利的諮商中心擔任心理治療師，也就不足爲奇了。

家族故事與傳說，往往傳遞出這個家族最重視的價值。我父親最重視、而且最常說的其中一項價值，就是**正直**。

當我想到父親與正直這項價值，我想到的是這個故事：父親年輕時在家裡的雜貨店工作，因此和供應商很熟。有一次，供應商告訴他，有間汽水公司要在鎮上開一家瓶裝工廠，他問父親有沒有興趣拿特許經銷權（我不確定在當時這是不是叫「特許經銷權」，或是有其他的說法）。如果父親當時把握住那個機會，我們現在就不愁吃穿了。

但父親拒絕了。部分原因是，他認爲這個產品對人體有害。他說自己是有良知的人，沒辦法生產和銷售這個產品，即使這意謂拒絕大筆特許經銷的獲利。

這間瓶裝工廠後來就蓋在我們家附近，我們每天都會經過。擁有這間工廠的家族變得相當富有。有時候我會覺得父親做了一個「愚蠢的」決定，沒有在機會來臨時好好把握。然而，後來我明白，若父親抓住了這個機會，代表他得失去他的正直，違背自己的信仰體系。對他來說，行爲與價值、信念一致，是很重要的。這個故事與正直有關，我一直將它放在心上。正直是我最重視的其中一項價值觀。

我與你們分享這些故事，是因爲我相信它們代表了家族故事和傳說，在我們人生中具備的力量，不論它是眞實的或是被編造的。

和孩子分享家訓

有些家族傳說會產出家族的「座右銘」。好多座右銘影響了我們家族的生活態度，很有趣。

施比受更有福。

正直爲上。

量入爲出。

預防勝於治療。

我母親最喜歡的是：「今天就是你昨天煩惱的明天。」這句話隱含了她的信念：「擔心是一件浪費時間、精力的事。」我很感謝在很年輕時就學到這一課。

這個清單可以一直往下列舉。隨著我探索家族待人處世的座右銘源頭，我發現，它們許多是來自家族裡一代傳一代的故事和傳說。

我對於現今的年輕家庭很少分享家族故事與傳說感到憂心，每個人似乎對小機器（iPad與手機）或大螢幕上播出的故事更感興趣。雖然我必須承認，當六歲的孫子認爲自己需要教我希臘傳說，以及這些傳說和星座的關係時，確實令我刮目相看——這是他從小機器上學到的。

但我仍眞心地懇求你們，關掉機器，互相**對話**。父母和祖父母，分享你們的故事和傳說吧。沒錯，你會一直重複。沒錯，你的分享可能會讓後代子孫覺得「無聊」。

不管怎樣，就這麼做。二十年後再來和他們檢驗。

家族儀式與傳統

傳統的定義是：

- 一種被傳承、被建立，或是習慣性的思考、行動或行爲模式。
- 一個信念或故事，或與過去有關的一系列信念或故事，被普遍認爲是實際發生過的，雖然無法被證實。
- 以口述或身教代代相傳，未被寫成文字的訊息、信念和習俗[1]。

儀式是根植於傳統中的。生命週期的轉換，例如出生、畢業、結婚和死亡，皆具有豐富的儀式。

參與儀式有助舒緩經常因改變共伴而來的焦慮。每一種文化和宗教都內建了傳統和儀式。傳統提供了安定，在這個經常變動、不時混亂的世界，提供人們一種認同與歸屬感。儀式具有意義和力量，因爲它們會觸發我們內在某種超越文字和行動的東西——往往是神祕的，對一些人而言甚至是靈性的。

當然，並非所有的傳統和儀式，都對所有參與者具有重大意義，有些人只是將這些事認定爲充滿壓力與不祥預感的義務。

傳統和儀式有很多重疊的部分，且傳統通常含有必經的儀式。傳統是代代相傳且反覆執行的，而儀式可能是傳統的一部分，但也可能只是一次性的事件。

例如：我住在一條河邊。當我搬進去時，那裡有一棵很漂亮的老橡樹，粗壯的樹枝垂進河水裡。我將她取名爲「祖母樹」。有時候晚上睡不著，我就會坐在一張舒適的椅子上看著她，看她襯著夜色的翦影。我感覺自己與她有很深的連結。她的存在安慰了我，也啓發了我。

多年後的一個晚上，她倒進河裡，動作是如此優雅，以致其他樹木或樹叢都沒被傷到。她的球根留在地裡，所以沒有傷到河岸。爲她準備一場儀式，對我來說是很重要的，我想紀念她多年來的付出，紀念她接續到河裡的生命。她將不再立於河岸，突出於其他眾多樹木。

我詢問研究原住民文化的朋友，請他幫忙設計一場儀式。我們一起燃燒鼠尾草，每個人都彈奏木笛並唱歌給這棵樹聽。我們祝福這棵樹以及她的美麗能量。在這場儀式中，我雖然難過，但也覺得完整。我完整地榮耀了她的存在，以及她對我的重大意義。

我總是鼓勵當事人，設計儀式幫助他們榮耀自己、榮耀另一個人、一個事件或是人生的重要階段。創造儀式的其中一項重要面向，是榮耀過去、現在和未來。我也邀請他們盡可能地開啓自己的感官，因爲我相信，這樣有助於全然地體驗一場儀式，而不只是「做完」它。

多年來，我一直記得一場類似的儀式，是一位剛離婚的女性當事人。她有一個兒子，在離婚後的第一個聖誕節和她一起過節。她非常害怕接下來的下個聖誕節，因爲屆時兒子將和父親一起度過，一想到這件事就讓她覺得崩潰。我鼓勵她想想其他照顧自己的方法，我們一起想了很多選項。最後，我的當事人決定，與其躺在床上、躲在棉被裡，她想創造一種一次性的儀式。

她很清楚自己不想和其他家人或朋友過節，她必須獨處，創造出獨一無二且適合自己的儀式。她決定去開車可抵達的海灘，準備幾部在聖誕節可以看的電影、蠟燭、圍巾，以及其他創造這場儀式用得上的物品。

我們在聖誕假期前見面時，我感覺她已經做好萬全準備，她能過好聖誕節的，雖然是帶著一顆沉重的心。

當我們在聖誕假期後會面，我看見她展現出滿足與平靜。她和我分享，她在空曠的海灘上創造了一場美麗的儀式：她用蠟燭和圍巾編了一支舞。當她無拘無束地在海灘上跳舞，呼吸吐納之間盡是清新的空氣，腳下是大地之母，她聽見與看見海浪，感覺太陽照在臉上的溫暖。她描述這段經驗的方式讓我知道，她的儀式已經幫助她度過身分轉換，從已婚的全職媽媽到離婚的職業婦女。這件事意義非凡。她的轉換儀式故事至今仍啓發著我。

儀式與傳統確實具有意義與豐富性，但也有一些家族傳統會製造壓力。

製造壓力的傳統，可能會以多種方式表現。在心理治療中常見的，是來自不同文化與不同家庭傳統的夫妻（我一直相信，每對夫妻都是由來自不同文化的兩個人組成）。夫妻須共同面對的，是如何在與各自家庭保持連結的情況下，經營自己新成立的家庭。夫妻必須共同協商，如何維持自己原生家庭的傳統，以及要建立什麼新傳統。

夫妻不只須決定該如何繼續參與各自家庭的傳統，也包括該如何將各自的傳統和儀式，帶入關係中與對方相處。

若夫妻當中有一人的成長家庭，習慣在生日當天舉辦盛大慶生會；但另一方的家庭通常對生日很低調，即使慶生也不會在當天。如此一來，在生日儀式方面，這對夫妻就很可能發生不愉快。對於慶生傳統的差異，可能導致夫妻關係的衝突或製造出距離。習慣在生日當天慶祝的一方，若伴侶忽略了表示，很可能會覺得受傷。壽星也許會試圖以理性說服自己不必失望、難過或生氣，將那些感覺貼上「孩子氣」的標籤，然而，這種感覺還是可能持續存在。當人們感覺到這種失望，往往會想安靜下來、拉開距離，或者攻擊對方。壽星可能會以板起臉（拉開距離）或批評（攻擊）的方式表達失落，反將對方推得更遠。對於該如何融入雙方原生家庭的傳統，與創造自己小家庭的傳統，皆須仰賴夫妻倆的同理、理解，與合作、協商的意願。

以你的儀式走過悲傷

在文化、宗教或家族傳統和儀式中，通常已經有能幫助我們面對死亡的方式，但找到其他方法來幫助自己度過不同類型的悲傷失落，也十分重要。在每一個生命週期的轉換時期，即使未來看似一片美好，都有可能出現失落。人們可能會對婚姻發展充滿期待，然而，收穫的同時也確實需要放棄一些東西。這個「東西」可能是自由，也可能是些較不重要的小事，如不能選擇吃爆米花當晚餐。在我碰到的人裡，晚餐選擇吃爆米花的單身女性多到令我震驚——卻沒有幾對夫妻告訴我，他們的晚餐會吃爆米花。當然，很有可能有這種事發生，只是我不知道罷了。

上述我所提到不同類型的失落，可能是失去親愛的寵物、失去工作（這可能導致失去自我認同）、失去重要關係、失去青春（年老）、失去夢想。還有很多，這個清單肯定不夠完整。

在西方文化中，我們傾向淡化自己的諸多失落。關於夢想的失落，就是我看到很多人輕描淡寫過去的一種失落。我們都對未來懷有夢想，可能是一份愛意、渴望生兒育女、創造某種有意義的東西，或是完成一項目標。

當我暗示當事人，他們正經歷的憂鬱，可能與某種不承認或不允許自己表達出來的失落有關，他們往往看起來困惑且驚訝。若他們經歷的是對夢想的失落，他們會說：「我怎麼會爲從來沒擁有過的東西感到失落？」夢想會占據一個人的內在空間，消耗一個人的能量，它是一個人爲未來所做的情緒投資。例如，經歷多次不孕症治療，仍然無法順利得子的個人或夫妻，通常會經歷巨大的失落和悲傷。

在前面的章節中說過，世界上有意料之中和預期之外的生命週期轉換，它們通常都有相關的儀式或傳統，幫助人們順利度過這些人生的變動。但世上也有被認爲**不尋常的**（idiosyncratic）生命週期轉換。

英柏—布萊克曾對不尋常的生命週期轉換，列舉出以下範例：

異文化婚姻；同志婚姻；透過收養形成的家庭，尤其是在家人公開或私下表達不支持的情況下組成；人工受孕家庭；身障兒的出生；未婚爸爸或媽媽產下或收養孩子；流產；因住院、入獄或暴力恐懼而被迫分離；上述情況後重聚；移民；非婚姻關係結束；撫養安置以及撫養安置後的重聚；突然、意外或暴力下死亡，包括自殺[2]。

這個清單會隨著時間改變，因爲它是由大範圍的社會演變所形塑出來的。人們來尋求心理治療，是爲了處理因不尋常的人生週期事件引發的壓力、悲傷、憤怒與困惑，這相當常見。

悲傷可能是個人的旅程或集體的過程，不論是哪種，重要的是允許這個過程走完。我們無法「克服」悲傷，但我們會走過悲傷，雖然所需的時間因人而異。

當家中有親人過世，每個家庭成員顯現出的悲傷不同，走過悲傷的時間歷程也不同，這些差異可能在家人間醞釀出緊張與挫敗。走過悲傷沒有「正確」的規則，重要的是體諒，對自己與他人保持耐心。共同的儀式可能是療癒過程的重要部分。關鍵字是**過程**，這可不是單一事件，做完就沒事了！

有些當事人會和我說：「我不知道如何悲傷。」我回答他們：「你當然知道。我們是人，來到這個世界時就知道如何悲傷。你不要擋自己的路，讓自己好好體驗你的悲傷。」

如果幫助你度過悲傷的這項儀式是來自於文化、宗教或家庭，試著將它改造一下，調整爲更屬於你個人的方式，如此一來，它將爲你帶來更大的幫助，因爲這個儀式對你來說已有了更多的意義。如果這個儀式是你爲自己，或是與他人一起創造的，就花些時間靜坐，感覺與思考你從這個經驗最想得到的，以及最需要的是什麼。

給自己時間和空間悲傷。

請記得，悲傷可能會榨乾能量，讓你迷失方向，這都很正常。要對自己和他人保持耐心，避免沉溺在悲傷中很重要。若我們嘗試壓抑自己的悲傷，就可能會發生上述的情況。爲了走過悲傷，我們確實需要承認它與感受它。

當你感到悲傷，請允許自己從他人身上得到支持。與其他人、寵物、植物或任何有生命的生物保持連結；透過藝術、音樂和寫作來宣洩悲傷，也是很有效的方式。

作爲心理治療師，我有幸能幫助當事人創造與設計出有意義的儀式，支持並幫助他們處理這些情緒。當面臨這些過渡時期，往往不會有明確的傳統方法可遵循。

儀式能幫助我們轉換、連結與成長。創造儀式、珍惜儀式，它們對靈魂是很重要的養分。

賦予那些事新的意義

探索家族故事和傳說、發掘它們如何影響你，可能會對於你是如何成爲現在的自己，有更多的理解與欣賞。而比故事和傳說本身更重要的是，我們賦予它們的**意義**。

這是個好消息。我們可能有改變家族傳說或故事的權力，也可能沒有；但我們有權力決定自己要賦予這些傳說和故事何種**意義**。

馬雅．安傑洛（Maya Angelou）說過一句名言：「你可能無法控制所有在你身上發生的事，但你可以決定不因它們而心情低落。」

一位年近六十的男性當事人來求診，因爲他正經歷嚴重的憂鬱情緒。按照慣例，我記下他大範圍的家族史。當我記錄家族史時，我通常會詢問他們是否聽過相關的家族傳說或重要故事。當事人告訴我一個他的家族故事，故事隱含的訊息是：人生是一場接一場的掙扎，而且中間沒有喘息空間。

當他繼續訴說人生經歷，顯然他正處於焦慮狀態，他一直在等待「下一個不幸事件」，這在他心裡造成很深的憂鬱。當我們探索這個現象，他開始察覺到，自己的生命之中沒有歡樂的空間。他是如此地擔憂未來可能發生的不幸，以致忽視當下——喜悅所在之處。

他將自己的家族故事深深放在心裡。他的家族因爲移民，有人在過程中去世，這些故事重塑了家族歷史中的部分事實，而他接受了家族對這段痛苦掙扎的故事所賦予的意義。這很令人傷心，眞的。

在諮商的過程中，他逐漸能讓歷史成爲歷史，認清家族對人生賦予的意義是屬於他們的，不是他的。他決定改變自己的信念：人生不會只有一連串中間沒有喘息的困難。他決定賦予這些故事新的意義是，這些故事確實描述了過去家族史中一段令人傷心的過程，但這不是未來的解方。

漸漸地，他允許自己活在當下。他學會在爲未來焦慮與爲過去憂鬱時保持覺察。我和他一起努力，幫助他改變想法和行爲，以便活在當下，減少焦慮和憂鬱。由於我們的故事還沒結束，我鼓勵他繼續**刻意**撰寫自己的故事，並且創造出能安撫、激勵自己的意義。

在我們能解放自己之前，必須知道自己從何處解放，並要回解放自己的權力。如作家童妮・摩理森（Toni Morrison）在《寵兒》（*Beloved*）所寫：「解放自己是一回事，要回那個解放自我的權力，是另一回事。」

創造、演出新的故事，或賦予現存的故事其他意義，能賜予我們力量，從不再適合我們的劇本中解放自己。

你的家族故事、傳說和儀式

1. 認識自己的家族故事和傳說。它們如何影響你？你是否想改變自己或家人賦予這些故事的意義？若是，新的意義會是什麼？
2. 你從家庭中學到哪些「為人處世的座右銘」？你選擇在生活中遵循哪些？不遵循哪些？當中是否有你已經遵循，或打算要遵循的人生座右銘？
3. 哪些傳統和儀式，對你的家庭來說相當重要？至今，哪些對你來說仍然重要？哪些已不再有意義？
3. 你是否已創造或希望創造任何新的傳統？
4. 指出任何你已經設計或參加，而且對成長與療癒有幫助的儀式。
5. 你是否想為任何事創造一種儀式？

願力量與你同在。

結語　拿回權力，成爲想成爲的人

我的心靈導師是理查．費爾德（Richard E. Felder），他曾問過一個類似這樣的問題：「**所有**的心理治療，不都是家庭治療嗎？」

我的答案是：**是的**！

沒有一個人能完全與他人隔絕。我們在生理上，從一出生就被設計成需要與人連結。我們受他人的影響，也影響他人。

心理治療的目的是促進當事人的成長、改變和療癒。人本心理學（Humanistic Psychology）❶的創始者卡爾．羅傑斯（Carl Rogers）的信念是：我們人類具有與生俱來足以成長與療癒的能力[1]。人本心理學和家庭系統治療，都拒絕將患者視爲病態或生病的醫學模式。相反地，這些治療模式將當事人視爲有能力的人，會受過去和現在的關係影響，而得到幫助或遭受阻礙，但也有能力爲自己的身心完整努力奮鬥。換言之，家庭系統治療認爲，人類的痛苦是關係模式與經驗的結果，非由病理或缺陷造成。

希望你能透過本書介紹的一些基礎家庭系統理論，對於家庭系統的運作方式有更多理解；希望這份對於家庭的覺察與知識，能促使你拿回自己的權力，成爲想要成爲的人——不論在關係上或自己心裡皆是。最終希望你能透過認識自己與家庭的關係，對自己的內心世界有更多理解。

我鼓勵你持續認識自己和家庭。本書最後，我列出了一些你可能會有興趣的資源。當然，我也建議你在進行個人治療、婚姻治療和家庭治療時，尋找一位能由「系統觀點」切入的治療師。

最後一個問題：我想知道，正在讀這本書的你們，有多少人是來自於教導你們可以透過自我覺察來幫助自己的家庭？若不是，你認爲自己是從什麼

---

❶又作「人本主義心理學」或「人文心理學」。

時候開始重視自我覺察的？

在人生的迷宮中旋進、旋出，允許我們留心建立一個更令人滿意的未來。

請注意：不要被過去或未來困住，只須拜訪它們。全然體驗人生的力量，即駐紮在此時此刻。

給心理治療師的提醒

我在本書呈現的家庭治療概念，相當於一加侖鮮奶上的一抹鮮奶油。我在書中納入的，是多本關於基本原則的書的濃縮版，而且還有很多概念沒有被收錄進來。我鼓勵你去閱讀更多感興趣的概念。

若你還沒有研讀過卡爾．羅傑斯的人本心理學，我強烈推薦。我不確定現在學校是否還有教這些概念，但我無法想像自己作爲心理治療師，卻沒有將羅傑斯提出的這些概念，作爲我與當事人共同工作的核心。

致謝

我想感謝自一九七二年至今，曾經是「連結諮商中心」一分子的每一個人。包括我很榮幸服務的當事人，以及學生、督導生、中心的同仁、督導、心靈導師，還有行政與志工人員。你們在個人與專業方面大大豐富了我的人生。

感謝凱薩琳・麥考爾，她是我親愛的朋友、家庭治療師同仁，也是《絕口不說》的作者。當我決定要完成這本書時，我請凱薩琳讀了前三章，那是十幾年前寫的，而且只是大概的內容，是草稿形式。她好心地告訴我，這些紙不需要被丟進回收箱，這本書的想法很有潛力。因此，我得以踏上完成這本書的旅程。

謝謝卡蘿・鮑威爾和雪莉爾・賽門善意的提議，爲我讀最初的稿件、編輯，並在早期提出建設性的意見。

感謝許多家人朋友鼓勵我，相信我。

非常感謝 Stonesong Literary Agency 的著作出版經紀人艾曼紐．摩根，謝謝她對我的著作深具信心，幫我找到一家認眞「讓這本書問世」的出版社。

謝謝 Sounds True 編輯哈芬．艾佛森的專業指導與熱情，謝謝她相信這本書能幫助個人與家庭。

感謝 Sounds True 的所有員工，你們如此博學多聞、同理、熟練與專業，指引我走過出版這本書的過程。

名詞解釋

・外顯行爲（acting out）：被認爲是有問題的行爲，通常是無意識的感覺或緊張的表現，會產生內在壓力和衝動。

・依戀理論（Attachment Theory）：又稱「依附理論」，一種試圖描述人類之間長期和短期關係的動態心理模型。

・自主（autonomy）：擁有自己的思想、感受和行動的自由。

・界線（boundary）：家庭次系統之間，以及家庭與外界之間的抽象劃界。

・封閉系統（closed system）：拒絕與系統外的其他人互動。這種對改變的抗拒，會增加系統中一個或多個個體在精神、情感和關係上遭受痛苦的可能性。

・消除三角關係（detriangulation）：有意識地退出與一個家庭成員對抗另一

個家庭成員的立場。

- 自我分化（differentiation of self）：將自己的心智功能和情感功能與家人分開，從而能夠識別自己的思想和感受，並做出尊重自己的選擇。
- 兩人組（dyad）：兩個人之間暫時或長期的關係。
- 功能障礙（dysfunction）：應對能力受損，特別是在壓力下。
- 情感截斷（emotional cutoff）：透過情感退縮或逃離，否認任何未解決的情感聯繫對家庭的重要性。
- 糾結（enmeshment）：或譯「網狀家庭」，指在一個家庭系統內，成員之間界線模糊，個人過度參與彼此的生活，導致個體化和自主化變得困難。
- 大家庭（extended family）：指超出父母及其子女的直系核心家庭的家庭成員，如內外祖父母、姑姑、阿姨、叔伯、舅舅和堂表兄弟姊妹。
- 家庭生命週期（family life cycle）：家庭系統在經歷其個體成員的發展階段時，所經歷的發展階段。
- 原生家庭（family of origin）：個人出生或收養的家庭。

·家庭系統理論（Family Systems Theory）：一種心理學理論，將家庭視爲從歷史和跨世代角度理解的互連關係之情感單元，著重於關係動態以及家庭如何根據層級和功能組織本身。

·情感融合（fusion）：個別家庭成員的心智功能和情感功能間的融合情況。

·家系圖（genogram）：家庭關係系統的圖象顯示，包括至少三代人重複出現的跨代行爲模式和遺傳傾向。

·指定病人（identified patient）：家庭中目前有問題，正在尋求治療的患者。或譯「被辨識出來的病人」。

·內心的（intrapsychic）：個人的思想或心靈經歷的過程，特別是當個人在內心處理相互衝突的力量時。

·核心家庭（nuclear family）：由一或兩個父母及其子女組成的家庭，共同生活或作爲一個家庭單位運作。

·開放系統（open system）：一個具有靈活、可滲透界線的系統，允許家庭中的個人以及家庭內的次系統之間進行互動，並且能受該家庭系統之外的其他家庭影響。

- 權力（power）：對結果具有影響力、權威和控制權。
- 重新架構（reframing）：以更積極的角度描述感知到的問題行爲，從而賦予行爲新的意義。
- 儀式（rituals）：紀念生命中重要場合或轉變的活動。
- 代罪羔羊（scapegoat）：因他人的不當行爲、錯誤或過失而受到指責的家庭成員，通常是指定病人。
- 手足排行（sibling position）：家庭中孩子的出生順序，這會影響孩子的性格以及現在和未來與自己以及他人的關係。
- 結構（structure）：關於界線和層級的家庭組織方式。
- 次系統（subsystem）：在一個較大系統下的群體，有各自的功能和角色。
- 系統（system）：交互單元或組成部分的組織。
- 跨代模式（transgenerational pattern）：發生在數代人身上的模式或過程，例如代代相傳的信念、行爲、互動模式或規範的家庭角色和功能。

・三人組（triad）：三人關係。

・三角系統（triangle）：一個三人系統。在兩人情緒系統處於壓力之下將第三人納入，以穩定該兩人組而形成。

・三角關係（triangulation）：當兩個人之間的關係存在壓力，以將第三人納入以減少焦慮、增加穩定性時所呈現的三人關係。

推薦閱讀

給所有人的書單

・Bolton, Iris, and Mitchell, Curtis. *My Son . . . My Son . . . A Guide to Healing After Death, Loss, or Suicide*. Atlanta: Bolton Press, 2017.

作者在父親的協助下，詳述自己因兒子自殺而被擊垮後所經歷的旅程，以及她在人生中一步步的療癒經過。在她的第二本書《Voices of Healing and Hope: Conversations on Grief after Suicide》裡，她針對受自殺影響的家屬做了一份非正式的調查，並據此指出在世親人最艱難的八大課題。

・Brown, Brené. *The Gifts of Imperfect Parenting: Raising Children with Courage, Compassion, and Connection*. Original audio. CO: Sounds True, 2013.

這個可愛的語音節目，鼓勵父母擁抱自己的不完美，幫助他們教導孩子勇敢做自己、對自己和他人培養同理心，並啓發能爲人生帶來目標與意義的連結感。

· Frankl, Viktor. *Man's Search for Meaning*. Boston: Beacon Press, 2006.《向生命說 Yes：弗蘭克從集中營歷劫到意義治療的誕生》，啓示出版；《活出意義來》，光啓文化出版。

維克多·弗蘭克根據他在一九四六年在集中營的經歷寫下這本書。弗蘭克總結說，人生的意義在於活著的每一個時刻；生命從來不停止擁有意義，即使是在受苦與死亡中亦然。

· Gottlieb, Lori. *Maybe You Should Talk to Someone: A Therapist, Her Therapist, and Our Lives Revealed*. New York: Houghton Mifflin Harcourt, 2019.

《也許你該找人聊聊：一個諮商心理師與她的心理師，以及我們的生活》，行路出版。
一本從治療師與當事人的觀點，帶領讀者進入心理治療的好書。內容輕鬆有趣，知識量足。

・Hollis, James. *What Matters Most: Living a More Considered Life*. New York: Gotham Books, 2009.
作者引導讀者發掘怎樣才是眞正的完全活出生命、活出最有意義的狀態、完全參與成爲世界公民。

・Johnson, Sue. *Hold Me Tight: Your Guide to the Most Successful Approach to Building Loving Relationships*. United Kingdom: Little, Brown, 2011.
這本書深入淺出地介紹依附理論的原則，並且指導讀者如何創造與改善他們的關係。

· Lerner, Harriet. *Harriet Lerner on Mothers and Daughters: Breaking the Patterns That Keep You Stuck*. Original audio. CO: Sounds True, 2009.
作者幫助我們進一步認識母女連結的祕密，引導我們在發生歧異時與對方保持連結（並且仍保有自己）。爲阻礙我們的模式，提供明確的技巧與指引。

· Marchiano, Lisa. *Motherhood: Facing and Finding Yourself*. CO: Sounds True, 2021.
《當媽後，你是公主也是壞皇后：從榮格心理學看童話故事中的母性智慧》，心靈工坊出版。
作者從深厚的榮格心理學知識與符號研究，透過說故事的方式，分享對亙古原型的見解，眞正爲母親這個角色賦權。她邀請讀者踏上內心的旅程，釐清自己的價值觀，並再次擁抱那已經遺忘或不想承認的部分自我。

· McCall, Catherine. *Never Tell: A True Story of Overcoming a Terrifying Childhood*. Scotts Valley, CA: CreateSpace, 2014.
不論是自己曾在童年遭受性侵，或是深愛的人有過這樣的經歷，還是正在幫助性侵倖存者進行治療的諮商師，這是一本必讀之書。

· Papernow, Patricia. *Surviving and Thriving in Stepfamily Relationships: What Works and What Doesn't*. New York: Routledge, 2013.
作者利用目前的研究、大量的臨床模式，以及與繼親家庭成員三十年的臨床諮商，描述繼親家庭面臨的特別挑戰。

· Pittman, Frank. *Private Lies: Infidelity and the Betrayal of Intimacy*. New York: W. W. Norton, 1990.
作者指出不忠的四種基本模式：一夜情、習慣性的濫交、夫妻協議、外遇，討論如何縮小這些婚外情的傷害，並提供如何讓婚姻美滿的實用建議。

・Tatkin, Stan. *We Do: Saying Yes to a Relationship of Depth, True Connection, and Enduring Love*. CO: Sounds True, 2018.

作者主張，若在伴侶關係中，雙方都感到「安全、受保護、被接納，而且永遠覺得穩固」，他們就成功了。這是一本很棒的指南，能幫助伴侶決定彼此是否「速配」，以及在讓兩個人眞的成爲「我們」。

給治療師的書單

· Bowlby, John. *Attachment and Loss, Vol. 2: Separation—Anxiety and Anger*. New York: Basic Books, 1979.
《依戀理論三部曲 2 ：分離焦慮》，小樹文化出版。
經典著作。

· Gottman, Julie S. and Gottman, John M. *10 Principles for Doing Effective Couples Therapy*. New York: W.W. Norton, 2015.
描述伴侶諮商的基本步驟的好書。

· Joseph, Stephen. *Positive Therapy: Building Bridges Between Positive Psychology and Person-Centered Psychotherapy.* London: Routledge, 2015.
作者精闢闡釋了卡爾・羅傑斯作品的重要性。

· Napier, Augustus Y. and Whitaker, Carl A. *The Family Crucible: The Intense Experience of Family Therapy*. New York: Harper and Row, 1978.
《熱鍋上的家庭：一個家庭治療的心路歷程》，張老師文化出版。
家庭治療的入門佳作。本書在 Brice 家的經歷中，穿插家庭治療過程的評論，以及對當事人與治療師的啓示。

· Porges, Stephen W. *The Pocket Guide to the Polyvagal Theory*. New York: W.W. Norton, 2017.
《多重迷走神經．找回安全感與身心治癒的全新途徑：第一位提出「多重迷走神經論」的大師之作！》，柿子文化出版。
認識人類神經系統的指南。這本神經病理學理論領域的著作，發人深省，且在臨床上有很大的重要性。

· Rogers, Carl R. *Client-Centered Therapy: Its Current Practice, Implications, and Theory.* United Kingdom: Little, Brown, 2021.
無價之寶。

· Schwartz, Richard. *No Bad Parts: Healing Trauma and Restoring Wholeness with the Internal Family Systems Model.* CO:Sounds True, 2021.
《沒有不好的你》，究竟出版。
史華茲博士精采的「內在家庭系統」（Internal Family Systems）理論，是我數十年工作中的無價之寶。若你是治療師，非常建議你花時間學習這個理論。我們都有很多不同的「部分」，幫助當事人認識與親近他們的每個部分，是如此美妙的療癒過程。

· Siegel, Daniel J. *The Mindful Therapist: A Clinician's Guide to Mindsight and Neural Integration*. New York: W. W. Norton, 2010.

描述利用正念，在當事人與治療師之間創造療癒關係的一本美妙的書。

· Yalom, Irvin. *Love's Executioner: And Other Tales of Psychotherapy*. New York: Basic Books, 2012.

《愛情劊子手》，張老師文化出版。

作者是經驗老道的心理治療師與小說家。這本經典暢銷書，描述了他與當事人時而悲劇，時而充滿啓發，但永遠全心投入的相遇。

在我大學時期，還沒有婚姻與家庭治療的訓練課程。我們這些早期的家庭治療師，是透過參加工作坊和其他的訓練課程，加上閱讀大師著作自主學習。我很感謝這些經驗，因此挑選幾本沒有在書中提到的經典作品分享給大家。

· Bowen, Murray. *Family Therapy in Clinical Practice*. New York: Jason Aronson, 1978.

· Haley, Jay. *Uncommon Therapy: The Psychiatric Techniques of Milton H. Erickson, MD*. New York: W.W. Norton, 1973.
《不尋常的治療：催眠大師米爾頓·艾瑞克森的策略療法》，心靈工坊出版。

· Hoffman, Lynn. *Foundations of Family Therapy: A Conceptual Framework for Systemic Change*. New York: Basic Books, 1981.

· Madanes, Cloe. *Strategic Family Therapy*. San Francisco, CA: Jossey-Bass, 1981.

· Watzlawick, Paul, Weakland, John, and Fisch, Richard. *Change: Principles of Problem Formation and Problem Resolution*. New York: W.W. Norton, 1974.

下面這本書不是家庭治療經典。我將它納入，是因爲理查·費爾德是我最喜愛的心靈導師和督導。他與 Carl Whitaker、Thomas Malone 及其他人建立了亞特蘭大精神科診所（Atlanta Psychiatric Clinic），是經驗心理治療

（Experiential Psychotherapy）的先驅。

‧Felder, Richard E. and Weiss, Avrum G. *Experiential Psychotherapy: A Symphony of Selves*. Maryland: University Press of America, 1991.

一本心理治療師發掘自我，與經歷心理治療創見的好書。

章節附註

第一章：誰是一家之主？

1 Monica McGoldrick and Randy Gerson, *Genograms in Family Assessment*(New York: W. W. Norton, 1985).

2 Salvador Minuchin, *Families and Family Therapy*(Cambridge, MA: Harvard University Press, 1974).

第二章：你是否能安心地有話直說，心口一致？

1 Paul Watzlawick, Janet Beavin Bavelas, and Don D. Jackson, *Pragmatics of Human Communication: A Study of Interactional Patterns, Pathologies, and Paradoxes*(New York: W.W. Norton, 1967).

2 Virginia Satir, *The New Peoplemaking*(Palo Alto, CA: Science and

Behavior Books,1972), 30.

3 Satir, *The New Peoplemaking*.

第四章：家人最適當的親密程度

1 John Byng-Hall, "Evolving Ideas about Narrative: Re-editing the Re-editing of Family Mythology," *Journal of Family Therapy* 20, no. 2 (May 1998): 133–142, doi.org/10.1111/1467-6427.00074.

2 John Bowlby, *Attachment and Loss, Vol.1: Attachment*, 2nd ed. (New York: Basic Books, 1969).

3 Daniel J. Siegel, *The Developing Mind: Toward a Neurobiology of Interpersonal Experience* (New York: Guilford, 2012).

4 Murray Bowen, *Family Therapy in Clinical Practice* (New York: Jason Aronson, 1978).

5 這段一般認爲出自維克多・弗蘭克的名句，我讀過也聽過很多次，但似乎不完全一樣。當然，弗蘭克的作品涵蓋這段名句的「意義」。這是我最喜愛的名句之一，和你們分享。

6 Robert Waldinger, "What Makes a Good Life? Lessons from the Longest Study on Happiness," January 25, 2016, TED video, 12:46, youtube.com/watch?v=8KkKuTCFvzI.

第五章：家庭中的三角結構

1 Murray Bowen, "The Use of Family Theory in Clinical Practice," in *Changing Families: A Family Therapy Reader*, ed. Jay Haley (New York: Grune and Stratton, 1971), 163–71.

2 Daniel J. Siegel, *The Developing Mind: Toward a Neurobiology of Interpersonal Experience* (New York: Guilford, 1999).

3 Heinz Ansbacher and Rowena Ansbacher, eds., *The Individual Psychology of Alfred Adler: A Systematic Presentation in Selections*

from His Writings (New York: Harper Perennial, 1964).

第六章：誰欠誰什麼？

1 Ivan Boszormenyi-Nagy and Geraldine M. Spark, *Invisible Loyalties: Reciprocity in Intergenerational Family Therapy* (Maryland: Harper & Row, 1973).

2 Kenneth S. Kendler, Christopher G. Davis, and Ronald C. Kessler, "The Familial Aggregation of Common Psychiatric and Substance use Disorders in the National Comorbidity Survey: A Family History Study," *British Journal of Psychiatry* 170, no. 6 (June 1997): 541–48, doi.org/10.1192/bjp.170.6.541.

3 Elizabeth Kubler-Ross, *On Death and Dying*(New York: Macmillan, 1969).

4 Philip J. Guerin et al., *The Evaluation and Treatment of Marital*

Conflict: A Four-Stage Approach (New York: Basic Books, 1987).

第七章：該保守還是揭開家族祕密？

1 Naima Brown-Smith, "Family Secrets," *Journal of Family Issues* 19, no.1 (1998): 20–42, doi.org/10.1177/019251398019001003.

2 Evan Imber-Black, "Creating Meaningful Rituals for New Life Cycle Transitions," in *The Expanded Family Life Cycle: Individual, Family, and Social Perspectives*, 3rd ed., ed. Betty Carter and Monica McGoldrick (Boston: Allyn and Bacon, 1999), 204.

第八章：家族故事、傳說和儀式的影響力

1 *Merriam-Webster.com Dictionary*, s.v. "tradition," accessed March 21, 2022, merriam-webster.com/dictionary/tradition.

2 Evan Imber-Black, "Creating Meaningful Rituals for New Life

Cycle Transitions," in *The Expanded Family Life Cycle: Individual, Family, and Social Perspectives*, 3rd ed., ed. Betty Carter and Monica McGoldrick (Boston: Allyn and Bacon, 1999).

結語　拿回權力，成為想成為的人

1 Carl R. Rogers, *On Becoming a Person: A Therapist's View of Psychotherapy* (Boston: Houghton Mifflin, 1995).

Eurasian Publishing Group 圓神出版事業機構 方智出版社 Fine Press

www.booklife.com.tw reader@mail.eurasian.com.tw

自信人生 183

重整家的愛與傷：以家庭系統理論重新覺察，活出有選擇的人生

Your Family Revealed: A Guide to Decoding the Patterns, Stories, and Belief Systems in Your Family

作　　者／伊蓮・卡尼・吉布森（Elaine Carney Gibson）
譯　　者／游淑峰
發 行 人／簡志忠
出 版 者／方智出版社股份有限公司
地　　址／臺北市南京東路四段 50 號 6 樓之 1
電　　話／（02）2579-6600・2579-8800・2570-3939
傳　　真／（02）2579-0338・2577-3220・2570-3636
副 社 長／陳秋月
副總編輯／賴良珠
主　　編／黃淑雲
責任編輯／李亦淳
校　　對／胡靜佳・李亦淳
美術編輯／林韋伶
行銷企畫／陳禹伶・蔡謹竹
印務統籌／劉鳳剛・高榮祥
監　　印／高榮祥
排　　版／陳采淇
經 銷 商／叩應股份有限公司
郵撥帳號／ 18707239
法律顧問／圓神出版事業機構法律顧問　蕭雄淋律師
印　　刷／祥峰印刷廠
2023 年 8 月　初版

Your Family Revealed: A Guide to Decoding the Patterns, Stories, and Belief Systems in Your Family
Copyright © 2022 by Elaine Carney Gibson.
Complex Chinese language edition published in agreement with Sounds True, Inc. through The Artemis Agency.
Traditional Chinese edition copyright © 2023 by Fine Press, an imprint of EURASIAN PUBLISHING GROUP
All rights reserved.

定價 380 元　　ISBN 978-986-175-754-4
版權所有・翻印必究
◎本書如有缺頁、破損、裝訂錯誤，請寄回本公司調換
Printed in Taiwan

想要徹底「拋棄繼承」原生家庭的負向印記，絕對不是外在行爲上與原生家庭少連絡或斷絕關係，而是要在精神層面上充分理解「這些印記」是怎麼形成的。

——《原生家庭木馬快篩》

◆ **很喜歡這本書，很想要分享**

圓神書活網線上提供團購優惠，
或洽讀者服務部 02-2579-6600。

◆ **美好生活的提案家，期待為您服務**

圓神書活網 www.Booklife.com.tw
非會員歡迎體驗優惠，會員獨享累計福利！

國家圖書館出版品預行編目資料

重整家的愛與傷：以家庭系統理論重新覺察，活出有選擇的人生／伊蓮．卡尼．吉布森（Elaine Carney Gibson）著；游淑峰 譯.
-- 初版. -- 臺北市：方智出版社股份有限公司，2023.08
304 面；14.8×20.8公分. --（自信人生；183）
譯自：Your family revealed : a guide to decoding the patterns, stories, and belief systems in your family
ISBN 978-986-175-754-4（平裝）
1. CST：家族治療　2. CST：家庭關係
178.8　　112009541